LA RÉVOLUTION DES Gaz de schiste

Photo de la couverture : iStockphoto

Catalogage avant publication de Bibliothèque et Archives nationales du Québec et Bibliothèque et Archives Canada

Mousseau, Normand, 1966-

La révolution des gaz de schiste

ISBN 978-2-89544-173-1

1. Gaz - Industrie. 2. Gaz de schiste - Aspect économique. 3. Gaz de schiste - Aspect de l'environnement. 4. Gaz - Industrie - Québec (Province). I. Titre.

HD9581.2.S522M68 2010 338.4'76657 C2010-942275-9

Normand Mousseau

LA RÉVOLUTION DES Gaz de schiste

ÉDITIONS MULTIMONDES

ISBN imprimé : 978-2-89544-173-1 ; ISBN PDF : 978-2-89544-387-2
ISBN e-pub : 978-2-89544-994-2
Dépôt légal – Bibliothèque et Archives nationales du Québec, 2010
Dépôt légal – Bibliothèque et Archives Canada, 2010

ÉDITIONS MULTIMONDES
930, rue Pouliot
Québec (Québec) G1V 3N9
CANADA
Téléphone : 418 651-3885
Téléphone sans frais : 1 800 840-3029
Télécopie : 418 651-6822
Télécopie sans frais : 1 888 303-5931
multimondes@multim.com
http://www.multim.com

DISTRIBUTION AU CANADA
PROLOGUE INC.
1650, boul. Lionel-Bertrand
Boisbriand (Québec) J7H 1N7
CANADA
Téléphone : 450 434-0306
Tél. sans frais : 1 800 363-2864
Télécopie : 450 434-2627
Téléc. sans frais : 1 800 361-8088
prologue@prologue.ca
http://www.prologue.ca

DISTRIBUTION EN BELGIQUE
La SDL Caravelle S.A.
Rue du Pré aux Oies, 303
Bruxelles
BELGIQUE
Téléphone : +32 2 240.93.00
Télécopie : +32 2 216.35.98
Sarah.Olivier@SDLCaravelle.com
http://www.SDLCaravelle.com/

DISTRIBUTION EN FRANCE
LIBRAIRIE DU QUÉBEC
30, rue Gay-Lussac
75005 Paris
FRANCE
Téléphone : 01 43 54 49 02
Télécopie : 01 43 54 39 15
direction@librairieduquebec.fr
http://www.librairieduquebec.fr

DISTRIBUTION EN SUISSE
SERVIDIS SA
chemin des chalets 7
CH-1279 Chavannes-de-Bogis
SUISSE
Téléphone : (021) 803 26 26
Télécopie : (021) 803 26 29
pgavillet@servidis.ch
http://www.servidis.ch

Les Éditions MultiMondes reconnaissent l'aide financière du gouvernement du Canada par l'entremise du Programme d'aide au développement de l'industrie de l'édition (PADIÉ) pour leurs activités d'édition. Elles remercient la Société de développement des entreprises culturelles du Québec (SODEC) pour son aide à l'édition et à la promotion. Elles remercient également le Conseil des Arts du Canada de l'aide accordée à son programme de publication.

Gouvernement du Québec – Programme de crédit d'impôt pour l'édition de livres– gestion SODEC.

100%

Imprimé avec de l'encre végétale sur du papier Rolland Enviro 100, contenant 100% de fibres recyclées postconsommation, certifié Éco-Logo, procédé sans chlore et fabriqué à partir d'énergie biogaz.

IMPRIMÉ AU CANADA/PRINTED IN CANADA

TABLE DES MATIÈRES

AVANT-PROPOS

J'ai découvert l'existence des gaz de schiste durant la préparation de mon premier livre, *Au bout du pétrole*, il y a cinq ans environ. Bien que la fracturation hydraulique fut déjà exploitée depuis quelque temps dans le shale de Barnett, au Texas, la rentabilité de cette procédure n'était pas établie et je l'avais alors ignorée. Comme l'ensemble des Québécois, j'étais beaucoup plus préoccupé par la question des ports méthaniers de Gros-Cacouna et de Rabaska. Un mois après la sortie d'*Au bout du pétrole* toutefois, en mai 2008, les grands médias américains ont rendu publique une annonce fracassante : les gaz de shale peuvent être produits à un prix concurrentiel avec celui du gaz naturel liquéfié. Cette annonce a été presque ignorée par les médias québécois. Elle bouleversait pourtant l'équilibre des forces dans le secteur du gaz, de Barnett au Texas, jusqu'à l'île d'Orléans : en quelques mois, les projets de ports méthaniers sur tout le continent se sont étiolés et Rabaska est disparu du paysage. La menace d'une crise du gaz naturel sur laquelle s'appuyait le gouvernement Charest pour faire avaler la construction d'un site de dégazage devant l'un des plus beaux paysages du Québec n'était donc plus qu'un mirage.

Pour la plupart d'entre nous, la fin de cette bataille signifiait que le Québec allait, enfin, sortir de la saga du gaz naturel qui durait depuis l'arrivée au pouvoir du gouvernement Charest pour se tourner définitivement vers les énergies renouvelables. C'était faire fi de l'enthousiasme débordant des sociétés gazières et des investisseurs qui les soutenaient, au Texas, en Pennsylvanie, en Colombie-Britannique et aussi, et surtout, pour ce qui nous concerne, au Québec. Le «génie» des gaz de schiste était sorti de sa bouteille, il n'était pas question de l'y remettre.

Les signes avant-coureurs du développement à venir au Québec étaient d'ailleurs là pour ceux qui voulaient les voir[1]. Les Junex et autres sociétés gazières avaient déjà mis la main sur les permis d'exploitation des basses-terres du Saint-Laurent alors que, dès 2009, le gouvernement Charest mettait en place des mesures fiscales pour favoriser le développement de cette ressource naturelle. Il fallait toutefois savoir décoder. Ce n'était pas la première fois, en effet, qu'on annonçait une exploitation imminente d'hydrocarbures au Québec qui, au final, ne levait pas. De plus, parallèlement à ces mesures, le gouvernement avait déposé un programme visant à réduire de 20% la production des gaz à effet de serre au Québec et défilait à Copenhague en nous présentant comme le territoire le plus vert de l'Amérique du Nord. Les Québécois, heureux du message vert, n'y virent que du feu.

C'est donc avec stupeur que les citoyens québécois ont découvert, en 2010, l'orientation pro-gaz du gouvernement Charest. Non seulement l'exploration des schistes gazifères sur la Rive-Sud, entre Montréal et Québec, allait bon train, mais, à cause d'une législation complètement déficiente, les sociétés gazières détentrices des droits sur tout le sous-sol de cette région avaient le loisir d'y faire tout ce qu'elles voulaient ou presque, avec la bénédiction du ministre des Ressources naturelles. Sous la *Loi des mines*, elles n'ont aucune obligation de consulter les municipalités ou les citoyens concernés avant de s'installer sur un terrain pour des mesures sismiques ou même des forages, alors que tout résident doit cogner à la porte de l'hôtel de ville pour demander et obtenir un permis avant de changer une fenêtre.

Heureusement, la stupeur s'est rapidement changée en révolte à mesure que les informations sortaient sur les risques environnementaux associés à la fracturation hydraulique et sur la gestion abominable du développement de cette ressource. Les médias et les groupes environnementaux, l'Association québécoise de lutte contre la pollution (AQLPA) en tête, sont allés aux sources afin de

---

1. Voir, par exemple, mon livre *L'avenir du Québec passe par l'indépendance énergétique*, Éditions MultiMondes, 2009, 184 p. et «Briser les mythes du secteur énergétique», Montréal, *Le Devoir*, 18 mars 2010, p. A7.

documenter le dossier, soutenus par un assemblage hétéroclite de municipalités, de citoyens et de diverses associations généralement plutôt silencieuses ou distantes.

C'est en voyant cette question prendre une telle ampleur que mes éditeurs me contactèrent, il y a quelques mois, pour me suggérer de faire le livre que vous avez sous les yeux. On avait besoin, dirent-ils, d'une analyse plus large et approfondie de la question que celle offerte par l'actualité quotidienne. Malgré mes responsabilités à l'université, j'ai tout de suite dit oui. Cela faisait déjà quelques années que je rassemblais des notes sur le sujet. À plusieurs reprises, lors de conférences sur l'indépendance énergétique ou la crise pétrolière, j'avais aussi eu l'occasion de parler des gaz de schiste et l'écriture de ce livre me donnerait l'occasion de placer cette révolution – parce que c'en est une – dans un contexte global.

Restait à trouver l'angle que prendrait ce livre. Des centaines d'articles portant sur la saga des gaz de schiste au Québec ont déjà été écrits par des journalistes très professionnels tels que Louis-Gilles Francoeur, du *Devoir*, Charles Côté, de *La Presse*, et Jean-François Cliche, du *Soleil*, pour n'en nommer que quelques-uns, sans compter les reportages présentés à la télévision ou publiés dans des magazines comme *L'actualité*. Et tout ce travail ne s'arrêterait pas avec la publication de mon livre.

Pour contribuer au débat, je devais donc éviter de simplement répéter la chronique des gaz de schiste du Québec ; les journalistes font très bien ce travail. J'ai plutôt choisi de prendre un peu de recul et de détacher ce livre de l'actualité brûlante en replaçant l'exploitation des gaz de schiste dans le contexte énergétique nord-américain et mondial. Le Québec n'est pas une île et il est soumis à des pressions extérieures qui ont joué un rôle déterminant dans les projets de Rabaska et de Gros-Cacouna et qui continuent de s'exercer dans le cas des gaz de schiste. Pour comprendre ces pressions, mais aussi pour savoir comment réagir, il faut donc regarder au-delà de nos frontières. Nous ne sommes pas les premiers à être confrontés à la découverte de grandes richesses sous nos pieds ; nous ne serons pas les derniers non plus. Cela signifie que nous pouvons nous appuyer sur l'expérience des autres, tout en comprenant bien les similarités et les différences entre notre modèle de développement et celui de nos voisins[2].

Jusqu'à présent, le débat sur les gaz de schiste au Québec est dominé, avec raison, par la question environnementale. On ignore encore beaucoup de choses au sujet des risques et de l'impact à court, moyen et long terme de la fracturation hydraulique. Malgré ces réserves – bien réelles –, l'industrie continue de se développer à un rythme accéléré dans le reste de l'Amérique du Nord. Elle est en voie d'exploser également en Europe et en Asie, surtout en Chine. Pour comprendre vraiment l'ampleur de la révolution des gaz de schiste, il faut dépasser cette question cruciale, certes, mais qui peut s'avérer contrôlable avec une réglementation appropriée.

Voilà donc le propos de ce livre. Autant que possible, j'ai essayé d'adopter une position en retrait de l'actualité québécoise, replaçant ce qui se passe ici dans un contexte mondial afin de fournir un éclairage original sur nos débats. Pour ce faire, j'ai divisé le dossier en quatre parties. La première présente une description du panorama énergétique mondial et des pressions du secteur du gaz naturel qui ont favorisé la mise en valeur des gaz de schiste, particulièrement en Amérique du Nord. Dans la deuxième partie, je m'attarde à l'aspect plus scientifique de l'exploitation de cette ressource, de la géologie aux risques environnementaux, puis, dans la partie suivante, je décris les activités d'exploitation et d'exploitation de cette ressource à travers le monde. Je termine en traitant des différents modèles économiques qui encadrent l'exploitation des hydrocarbures dans le monde développé et des particularités qui devraient être appliquées dans le cas du gaz de schiste. Pour les opposants à l'implantation des gazières au Québec,

---

2. L'intérêt d'aller regarder ailleurs n'est pas que théorique. Le 28 août dernier, lors de l'émission *Ouvert le samedi*, à la Première Chaîne de Radio-Canada, m'appuyant sur les recherches que je faisais pour ce livre, je fus l'un des premiers au Québec à soulever, dans un débat avec André Caillé, la question des milliards que la Colombie-Britannique était allée chercher grâce à un modèle de développement de ses ressources naturelles beaucoup plus sophistiqué que le nôtre.

cette dernière partie semblera prématurée. Je pense qu'au contraire, il faut discuter au plus vite du modèle économique que le Québec veut suivre. Plus on attendra, plus son implantation risque de coûter cher, car les gazières auront alors eu tout le temps d'établir un rapport de forces légal et politique, basé sur une évaluation encore plus précise des ressources disponibles.

✦✦✦

En terminant, je désire remercier mes éditeurs des Éditions MultiMondes, Lise Morin et Jean-Marc Gagnon, pour m'avoir suggéré ce livre et pour leur soutien constant depuis la publication de mon premier titre, il y a un peu plus de deux ans, de même que Ginette Beaulieu, mon attachée de presse et amie. Je remercie également Jean Beaulieu et Denis Marcotte, du Département des génies civil, géologique et des mines de l'École Polytechnique de Montréal, pour leurs précieuses informations sur la formation des shales et certaines interprétations de la *Loi sur les mines*, ainsi que Jean-François Cliche, du *Soleil*, et Stephen Arpin, pour m'avoir fourni des indications très utiles sur divers aspects de ce dossier. Enfin, ce livre n'aurait pas été possible sans la compréhension de mes étudiants et chercheurs post-doctoraux, ainsi que de mes collègues, qui ne se sont jamais plaints de ma disponibilité réduite, ces derniers mois.

INTRODUCTION

La question des gaz de schiste (ou, plutôt, de shale : voir l'encadré *Shale ou schiste ?*) a fait son entrée dans l'actualité nord-américaine, avec peu d'avertissements, en avril 2008. Alors que le prix du pétrole et du gaz naturel fracassait, jour après jour, les records de la veille, la crise énergétique occupait la manchette sur une base quotidienne. L'annonce qu'il était maintenant possible d'exploiter cette ressource non traditionnelle à un coût concurrentiel fut reçue comme un cadeau par tous les grands médias américains, mais aussi par les investisseurs, faisant brutalement chuter le cours du gaz naturel en Amérique, plus d'un mois avant que le pétrole n'atteigne son maximum, à la fin juillet de 2008. Depuis cette annonce retentissante, l'industrie des gaz de shale, qui n'était alors qu'une anecdote, fournit une fraction majeure du gaz consommé aux États-Unis et le développement de cette ressource se poursuit à un rythme soutenu au Texas, mère patrie de la technologie, mais aussi dans le Sud, le Midwest et le Nord-Est des États-Unis, sans compter la Colombie-Britannique, l'Alberta et le Québec, au Canada. La croissance est tellement rapide que le gaz de shale, représente aujourd'hui plus de 20% de la production américaine de gaz, signe de l'efficacité de cette nouvelle industrie, mais aussi des difficultés de maintenir, sur ce continent, la production du gaz naturel classique.

L'engouement des investisseurs pour cette nouvelle ressource est partagé par les gouvernements. Aux prises avec des déficits importants et un taux de chômage ayant plus que doublé en moins d'une année – aux États-Unis, à tout le moins –, pour atteindre le seuil psychologique de 10%, les États voient dans les gaz de shale une manière rapide d'augmenter les rentrées d'argent tout en créant localement de l'emploi. Cet enthousiasme ne touche pas tous les citoyens, bien sûr, et, pour plusieurs d'entre eux, les shales gaziers présentent des similitudes inquiétantes avec les sables bitumineux. Tous les deux sont des hydrocarbures non traditionnels qui exigent d'importantes quantités d'eau pour les extraire. Quelle que soit la validité de ces inquiétudes, elles ne peuvent être ignorées ni par les gouvernements ni par l'industrie, car les grands shales gazifères ont le défaut d'être souvent situés dans le sous-sol de régions fortement peuplées (voir la figure 1). Sans l'accord des citoyens, qu'il soit ou non légalement nécessaire, l'industrie ne pourra pas continuer à s'étendre bien longtemps.

FIGURE 1

Les grands shales gazifères en Amérique du Nord

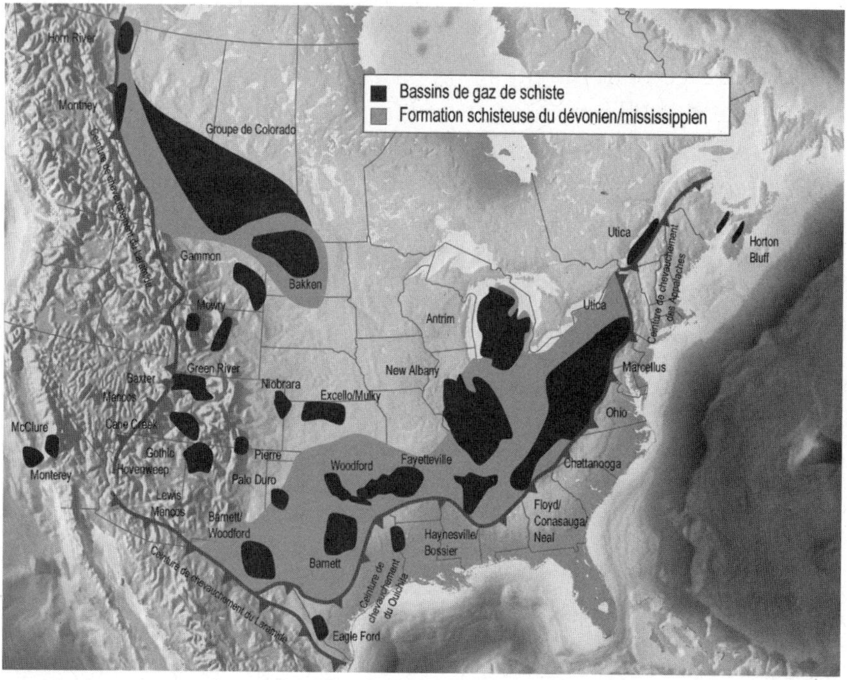

Source : *L'ABC du gaz de schistes au Canada,* Office national de l'énergie, nov. 2009, figure 1, p. 2

Pour obtenir cet accord, il ne suffit pas de laisser les lobbyistes de l'industrie lancer une campagne de propagande, à grand renfort de moyens, qui diabolise les opposants ou qui présente une vision à sens unique des avantages liés à l'exploitation de cette ressource. Il ne suffit pas, non plus, d'ignorer la contestation ou de la bâillonner par des poursuites illégitimes dont le seul but est d'amener les citoyens à rentrer dans le rang. Ceux-ci ont beaucoup appris des luttes environnementales des 20 ou 30 dernières années et ils réussissent maintenant à percer rapidement les discours lénifiants des puissants industriels, aidés en cela par des groupes environnementalistes bien outillés intellectuellement et, même, dans certains cas, financièrement.

SHALE OU SCHISTE? LE DÉBAT LINGUISTIQUE

Lorsqu'on parcourt la presse francophone, on trouve de nombreuses expressions pour désigner le gaz naturel extrait de roches sédimentaires par la méthode de fracturation sous pression hydraulique. Qui, du «gaz de shale», «gaz de schiste» et, en France, du «shale gas», a raison? Les linguistes de Radio-Canada et de la plupart des autres médias québécois n'ont pas hésité longtemps avant de s'entendre sur «gaz de schiste», à la consonance bien francophone. L'industrie, qui a déjà assez de difficulté à convaincre la population de sa bonne foi, ne veut pas, en plus, se mettre à dos les défenseurs de la langue française. Elle suit donc, sans opposition, la nomenclature dominante.

Seuls les géologues grincent des dents. Car, d'un point de vue géologique, «schistes» et «shales» ne sont pas équivalents. Le premier terme fait référence à une roche métamorphique d'aspect feuilleté, c'est-à-dire une roche formée sous pression et à haute température dans les profondeurs de la Terre. Or, ces processus de formation tendent à éliminer toute trace d'hydrocarbures qui auraient pu se trouver dans les structures initiales. Il n'existe donc aucun gaz dans les schistes! *Shale*, un mot d'origine anglaise, mais francisé faute d'un équivalent, représente, lui, les structures argileuses feuilletées formées au fil du temps par l'accumulation de sédiments à la surface du globe et gorgées, dans les bonnes conditions, de matière organique qui deviendra, avec le temps, des hydrocarbures. La confusion entre shale et schiste vient du fait que les dictionnaires français sont relativement imprécis quant à la définition des schistes. De plus, les géologues français, contrairement à leurs collègues canadiens, utilisent également pour shale, l'expression «schiste argileux» qui est basée sur une définition surannée du mot schiste. Puisque le gaz ne peut se retrouver que dans le shale, on devrait donc dire gaz de shale ou, s'inspirant de la terminologie en cours sur le Vieux Continent, gaz de schiste argileux, ce qui est plus long, tout de même[3]. Par solidarité avec mes collègues géologues, j'adopterai dans ce livre la terminologie scientifiquement correcte: gaz de shale. En espérant ne pas trop irriter le lecteur habitué à l'expression fausse, mais désormais consacrée, «gaz de schiste».

La seule solution possible passe donc par un dialogue réel entre toutes les parties, un dialogue basé sur des faits aussi solides que possible et une vision nette de la relation entre ces développements et un projet de société déterminant ce que sera le pays, selon ses

3. *L'ABC du gaz de schistes au Canada*, Office national de l'énergie, nov. 2009, p. 3.

citoyens, dans l'avenir. Dans le cas du Québec et des États de New York et de Pennsylvanie, par exemple, cela veut dire, d'abord, la formulation claire, par les gouvernements mais en interaction avec les citoyens, d'un échéancier précis permettant d'atteindre les cibles énergétiques, environnementales et climatiques déjà énoncées par ceux-ci. Ensuite seulement, il sera possible de proposer des scénarios cohérents intégrant le développement des gaz de shale à l'intérieur des politiques en vigueur. Il n'est pas du tout souhaitable pour les États de continuer d'approuver à la pièce les éléments qui forment la base d'une stratégie énergétique ou environnementale structurante. Cette réflexion globale sur l'avenir énergétique exige une sérénité qui ne peut être atteinte sous pression. Elle impose aussi d'aller au-delà des manchettes et des nouvelles du jour pour explorer à fond les divers éléments d'un tel plan, dans une perspective aussi large que possible.

C'est dans cette optique que j'ai écrit ce livre. Pour apporter un complément à l'information diffusée par les médias, certes, mais aussi pour donner une vue d'ensemble et montrer que la technique de fracturation hydraulique des shales constitue une véritable révolution dans le secteur de l'énergie en Amérique du Nord, bien sûr, mais aussi en Europe, en Asie et sur les autres continents de la planète.

Ce livre n'est pas une prise de position pour ou contre l'exploitation des gaz de shale. Une telle responsabilité ne m'appartient pas, comme physicien et universitaire. Par contre, j'espère définir ici une base commune – évidemment incomplète – qui contribuera à éliminer les demi-vérités et les manipulations du débat pour recentrer ce dernier sur les faits et les inconnues réels[4]. Car les inconnues sont encore nombreuses dans ce dossier, tant du côté environnemental et géologique que financier. S'il est loisible d'attendre un peu avant de décider d'aller de l'avant ou non et d'en définir les conditions, il faut aussi reconnaître que la recherche scientifique est toujours beaucoup plus lente que le génie et

4. Après tout, il y a les « *known knowns*, les *unknown knows*, les *known unknowns* et les *unknown unknowns* », comme le disait si justement l'ex-vice-président américain Richard Cheney.

l'économie; il sera donc impossible d'avoir en main toutes les réponses avant de faire des choix. Cela est vrai pour ce dossier, mais aussi pour ce livre. Ne disposant pas toujours de toutes les pièces, il m'a fallu juger, écarter et choisir ce qui m'apparaissait le plus crédible, en extrapolant parfois au passage à partir de données partielles ou de sujets apparentés. Si je ne prétends pas à la stricte neutralité, j'ai toutefois essayé de baser mon analyse sur les faits à ma disposition en gardant l'esprit le plus ouvert possible.

On a beaucoup réduit la discussion sur les gaz de shale aux aspects environnementaux, mais le développement de cette ressource énergétique s'inscrit dans un cadre beaucoup plus large: énergétique, géologique, économique, politique, géostratégique, environnemental, climatique et technologique. J'ai essayé d'aborder tous ces aspects avec un esprit critique, en relevant les points qui m'apparaissaient essentiels, sans toutefois être un spécialiste de tous ces domaines, et en offrant, autant que possible, une perspective mondiale ou, à tout le moins, plurinationale. Car les questions énergétiques locales, autant que les questions environnementales, ne peuvent être analysées en autarcie. La planète, tout comme son économie, n'est qu'une. Les choix à faire localement doivent donc être pensés et compris dans un contexte mondial, sans quoi ils risquent de perdre leur pertinence. Cette relation entre le local et le global est particulièrement vraie dans le secteur énergétique où ce qui se passe pour une source d'énergie dans un territoire donné affecte souvent la sphère énergétique au complet. C'est pourquoi l'arrivée d'une nouvelle technologie qui a encore à faire ses preuves a déjà perturbé l'équilibre énergétique mondial.

Mais, avant de poursuivre cette discussion sur l'importance de ces perturbations, il est utile de revenir quelque peu en arrière afin de comprendre la situation qui régnait dans le secteur du gaz naturel en Amérique du Nord et dans le reste du monde avant la fracturation hydraulique, car cette dernière s'est développée grâce à un contexte très favorable. C'est ce que nous faisons dans la première partie.

PARTIE I

Avant la révolution

Chapitre 1

LE GAZ NATUREL TRADITIONNEL

Le gaz naturel occupe une place à part parmi les hydrocarbures fossiles. Tout d'abord, sa composition chimique particulièrement simple lui permet de se consumer très proprement, au sens littéral et environnemental, loin devant le pétrole et le charbon. Constitué essentiellement de méthane, une molécule de quatre atomes d'hydrogène rattachés à un seul atome de carbone, le gaz naturel brûle de manière optimale : combiné à 2 molécules d'oxygène (O_2) et en présence de chaleur, le méthane réagit pour donner une molécule de gaz carbonique, CO_2, et deux molécules d'eau, H_2O, libérant 55 MJ/kg au passage[5]. À poids égal, la combustion de gaz naturel libère deux fois plus d'énergie que l'équivalent en charbon de bonne qualité et 17% de plus que l'essence. Pour une même énergie, on brûlera donc moins de carbone et on produira moins de CO_2, un gaz à effet de serre, mais aussi moins de pollution au sol, car le méthane est plus facile à purifier et sa combustion est beaucoup plus complète que celle des longues molécules présentes dans les produits pétroliers et le charbon, laissant au final très peu de résidus.

Malgré ses vertus, l'utilisation du gaz naturel est limitée par sa faible densité due à son état gazeux. Contrairement au charbon et au pétrole que l'on peut facilement déplacer par bateau, train ou camion-citerne, le transport du gaz exige en général une transformation – pressurisation ou liquéfaction. Or, ces procédés coûtent cher et, à cause de cette contrainte, l'utilisation de cet hydrocarbure fut longtemps limitée à des industries et des infrastructures situées très près des puits.

5. Un mégajoule représente un million de joules. Cette énergie est suffisante pour alimenter une ampoule de 100 watts durant 2 heures et 45 minutes. Une centrale nucléaire de 600 mégawatts produira 1 mégajoule en 0,0017 seconde.

Ce n'est qu'avec la construction de vastes réseaux de gazoducs en Europe et en Amérique du Nord, à partir des années 1950, que le gaz naturel a quitté son utilisation de niche pour devenir la troisième plus grande source d'énergie au monde, derrière le pétrole et le charbon, avec 23 % de la consommation énergétique de la planète (figure 1.1).

FIGURE 1.1

Distribution des sources d'énergie utilisées par la planète en 2009

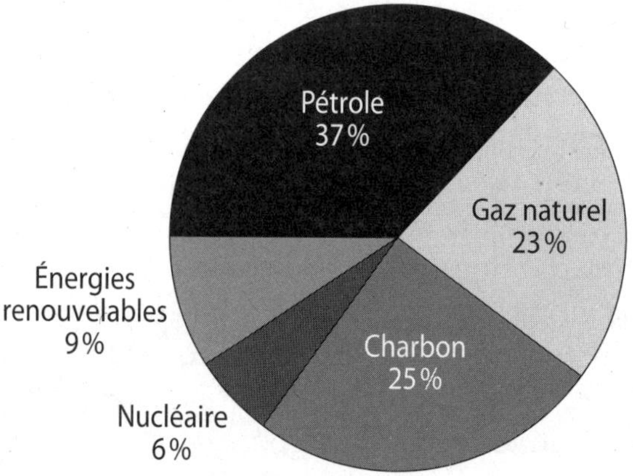

Source : bp.com/statisticalreview

Comme le montre la figure 1.2, l'utilisation du gaz naturel a été multipliée par presque 5 depuis 1965 ; elle est passée de 590 millions de tonnes équivalent-pétrole (tep) à plus de 2 700 millions en 2008[6], alors que celle du pétrole augmentait d'un facteur 2,4 pour atteindre 3 900 Mtep aujourd'hui. Actuellement, le gaz naturel sert pour la production d'électricité et de chaleur ; il est également un élément de base de l'industrie chimique pour la formation de plastiques, de fertilisants ou comme source d'hydrogène dans de nombreux procédés de fabrication, comme on peut le voir au tableau 1.1.

6. En unités d'énergie SI, on obtient des nombres astronomiques : 2 700 Mtep = 115×10^{15} joules ou 110 EJ (exajoules). On compare traditionnellement les différentes sources d'énergie en termes de tonne équivalent pétrole (tep). Pour fins de comparaison, 1 tep = 42 GJ = 39 000 pieds cubes = 1 107 mètres cubes de gaz naturel. En général, j'utiliserai les mètres cubes (m^3) pour mesurer le gaz naturel.

FIGURE 1.2

Consommation de gaz naturel (en millions de tep)

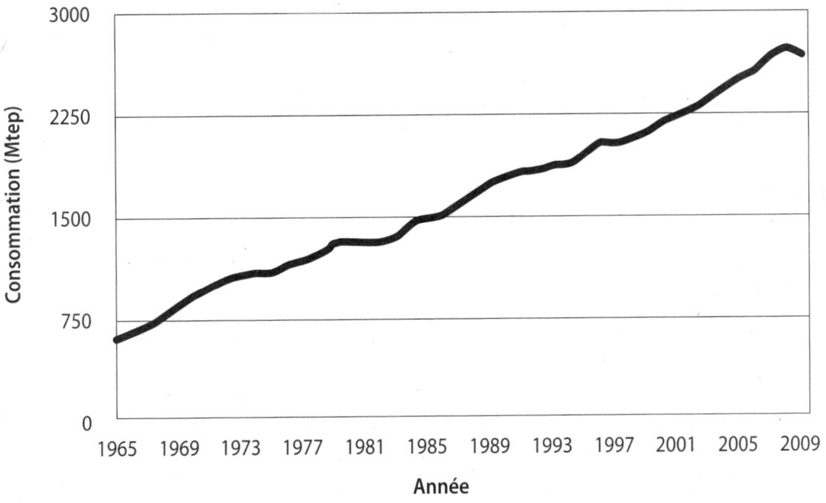

La demande de gaz naturel augmente de manière constante et linéaire, avec seulement quelques soubresauts au fil des années. Remarquez l'importance de la crise financière de 2008 et de la récession qui s'ensuivit. La baisse de la demande de gaz naturel en 2009 est la plus importante enregistrée depuis 1965.
Source: *BP Statistical Review of World Energy*, 2010

Une demande en forte croissance

Malgré un ralentissement de la demande en gaz naturel observé depuis la crise financière de 2008, cet hydrocarbure est appelé à jouer un rôle de plus en plus important dans le panier énergétique mondial. Dans un contexte d'efforts concertés pour améliorer la qualité de l'air au sol et de lutte contre les changements climatiques, de nombreux pays délaissent le charbon et se tournent vers le gaz naturel pour produire électricité et chaleur. Cette tendance, qu'on constate depuis une vingtaine d'années, devrait s'amplifier au rythme des nouveaux accords internationaux limitant la production de gaz à effets de serre.

TABLEAU 1.1

Usages du gaz naturel

Secteur	Pourcentage	Usages
Industriel	32	Ingrédient de base pour la production de plastiques, de fertilisants, de tissus, de méthanol, d'hydrogène; utilisé également comme catalyseur dans de nombreux procédés qui requièrent une chaleur élevée et propre.
Énergie secondaire	24	Centrales thermiques au gaz naturel; une petite fraction de celles-ci utilisent également la chaleur pour chauffer des maisons ou pour des usages industriels.
Résidentiel	22	Essentiellement le chauffage – maison, nourriture et eau.
Commercial	14	Usages similaires au résidentiel: chauffage, éclairage, cuisson, climatisation, etc.
Autre	8	Carburant, utilisation et pertes durant la production.

Sources: NaturalGas.org, un site de l'Association des distributeurs de gaz naturel américains, et Agence internationale de l'énergie

Le rôle du gaz naturel dans le transport est également appelé à croître pour des raisons environnementales, mais aussi parce que la production de pétrole pourrait bientôt ne plus suffire pour répondre à l'augmentation du nombre de véhicules sur les routes de la planète. L'Agence internationale de l'énergie, dans un retournement spectaculaire[7], a reconnu, en 2008, que le pic de production de pétrole est pratiquement déjà atteint et qu'il sera difficile d'extraire beaucoup plus que les 4 milliards de tonnes (80 millions de barils par jour) produites en 2008. Pour combler le manque, l'Agence internationale de l'énergie prévoit que les

7. Pour plus de détails, voir, par exemple, mon précédent livre *L'avenir du Québec passe par l'indépendance énergétique*, Québec, Éditions MultiMondes, 2009, 188 p.

consommateurs se tourneront vers les liquides de gaz naturel qui connaîtront une utilisation croissante dans le secteur du transport[8]. On pourrait également voir, si la pénurie de pétrole s'avère fondée, une augmentation significative du rôle du gaz naturel dans le transport, surtout commercial. Ce changement pourrait survenir bien avant que les véhicules électriques ne s'installent de manière significative sur nos routes, car la technologie du gaz naturel est beaucoup mieux maîtrisée que celle des batteries au lithium que l'on développe présentement.

Les réserves

Le tableau 1.2 montre l'état des ressources traditionnelles de pétrole, de charbon et de gaz naturel dans le monde et en Amérique du Nord. On voit qu'il reste, dans un contexte global, amplement d'hydrocarbures classiques à brûler. Ceux-ci, toutefois, ne sont pas distribués uniformément sur notre planète. Si le pétrole et le charbon se retrouvent en quantité importante sur presque tous les continents, ce n'est pas le cas du gaz naturel, dont les grands gisements sont concentrés dans une poignée de pays. À eux seuls, la Russie, le Qatar et l'Iran possèdent plus de la moitié des réserves courantes (53 %), alors qu'un grand consommateur, comme l'Amérique du Nord, ne peut compter que sur 4,6% de celles-ci. L'Asie est dans une situation similaire : près des deux tiers de la population mondiale ne bénéficient que de 7% des réserves de gaz naturel de la planète. En comparaison, les réserves de pétrole traditionnelles des trois grands, l'Arabie Saoudite, le Venezuela et l'Iran, n'atteignent que 43% des réserves mondiales[9].

Ces chiffres cachent une situation rendue encore plus inéquitable par le caractère régional du marché du gaz. Alors que le pétrole navigue librement sur toutes les mers du monde, le gaz naturel circule avant tout par gazoduc. Puisque ceux-ci ne sont érigés que sur la terre ferme, ce secteur énergétique est, effectivement, un monopole régional. L'Asie, l'Afrique subsaharienne et l'Amérique du

8. *World Energy Report 2008*, Agence internationale de l'énergie, Paris, 2008, p. 261.
9. L'Asie, toutefois, ne fait guère mieux ici, avec seulement 2,9% des réserves mondiales de pétrole.

Sud se trouvent donc, en grande partie, coupées de cette importante ressource énergétique et les grands consommateurs se retrouvent majoritairement près des sites de production: en Europe – Russie, en tête – en Amérique du Nord et au Moyen-Orient. À l'extérieur de ces régions, seuls les pays prêts à payer une prime importante pour le gaz naturel liquéfié, comme le Japon, s'inscrivent dans la liste des grands consommateurs.

TABLEAU 1.2

Réserves et la production des divers hydrocarbures sur la planète en milliards de tep (Gtep) ou en billion de mètres cubes (10^{12} 1 = 1 Tm^3)

	Monde	Canada	États-Unis
Pétrole			
Réserves	193,4 Gtep	14,9%	1,9%
Production	3,9 Gtep	4,1%	8,0%
Durée	**49 ans**	**183 ans**	**12 ans**
Gaz naturel			
Réserves	166 Gtep	0,9%	3,18%
	185 Tm3		
Production	2,7 Gtep	5,4%	23,0%
	3,0 Tm3		
Durée	**62 ans**	**11 ans**	**12 ans**
Charbon			
Réserves	415 Gtep	0,8%	29%
Production	3,1 Gtep	12, %	19 %
Durée	**134 ans**	**95 ans**	**233 ans**

Ces données n'incluent que les gisements traditionnels, sauf pour le pétrole où les sables bitumineux de l'Alberta sont comptés. Celles-ci sont incluses ici à une hauteur similaire à celle des ressources de l'Arabie Saoudite. Par contre, les gaz de shale ne le sont pas, faute d'une estimation fiable.
Source: Agence internationale de l'énergie et *BP Statistical Review of World Energy*, 2010

Les crises dans le secteur du gaz naturel

Même ces régions souffrent, à leur façon, de ce déséquilibre géographique. Si le niveau élevé de consommation observé en Europe ne pose pas de problèmes à moyen terme, grâce aux immenses réserves de la Russie, la situation est tout autre en Amérique du Nord. Ensemble, les États-Unis et le Canada consomment plus du quart de la production mondiale alors que leurs réserves officielles de gaz traditionnel ne représentent que 4,6% du gaz naturel classique de la planète. Ce déséquilibre, qu'on observe depuis plusieurs décennies, se creuse même, car les États et les provinces se tournent de plus en plus vers le gaz naturel pour la production d'électricité, au détriment du charbon, beaucoup plus polluant. Ainsi, l'Ontario prévoit fermer toutes ses centrales au charbon d'ici à 2014 et n'aura d'autre choix que de les remplacer par des centrales thermiques au gaz naturel; les alternatives plus propres ne permettent pas de répondre à l'augmentation de la demande d'électricité prévue d'ici à 10 ou 15 ans. Dans ce contexte, l'Amérique du Nord se dirige rapidement vers une crise énergétique majeure: même si la consommation de gaz au Canada et aux États-Unis demeure à son niveau des dernières années, le rapport des réserves sur la consommation actuelle suggère que ce continent pourrait épuiser toutes ces réserves traditionnelles d'ici à 2025, soit dans un peu moins de 15 ans! Cette crise annoncée explique pourquoi les nombreux retournements dans le secteur du gaz naturel – des ports méthaniers aux gaz de shale – ont tellement attiré l'attention des investisseurs, des gouvernements et des médias depuis 10 ans.

Aucune pénurie à prévoir en Europe, bien sûr, qui dispose de réserves considérables de gaz naturel lui permettant de continuer à consommer au rythme actuel durant plusieurs décennies. Cela ne l'empêche pourtant pas d'aller de crise en crise quand il s'agit de gaz naturel. Car l'Europe dépend, pour ses approvisionnements, de quelques producteurs seulement. Trois pays produisent l'essentiel du gaz naturel consommé sur ce continent: la Norvège, les Pays-Bas et la Russie. Cette dernière est le fournisseur principal de presque tous les pays situés à l'est de la France: Allemagne, Italie, Autriche, Biélorussie, Ukraine, etc. Or, les tensions entre la Russie et ses proches voisins, par qui transite le gaz naturel, ont créé à plusieurs reprises des situations incertaines pour ses clients européens depuis une dizaine d'années. Malgré leur multiplication, l'Europe ne peut que constater sa dépendance presque paralysante face à la Russie. Pour de nombreux pays, cette relation constitue un boulet dont il faudrait se séparer à tout prix, ou presque. Et les efforts se multiplient pour faciliter l'accès, par des gazoducs et des ports méthaniers, au gaz naturel d'Afrique du Nord et du Moyen-Orient. D'un point de vue national, la possibilité de relancer l'exploitation gazière dans des pays à l'économie encore faible, tels que la Pologne, est certainement alléchante pour ceux-ci, mais aussi pour les géants gaziers et pétroliers qui préfèrent travailler sous des régimes stables et près de leur marché.

Disposant de très peu de ressources traditionnelles locales, l'Asie, qui tire l'économie mondiale depuis de nombreuses années, connaît, elle aussi, une crise du gaz naturel. Avec 36% de la population mondiale, la Chine et l'Inde, les deux moteurs économiques de la planète, disposent de très peu de ressources énergétiques sur leur propre territoire: environ 21% des réserves mondiales de charbon, souvent difficilement accessible et d'assez mauvaise qualité, une quantité négligeable de pétrole – ensemble, moins de 1,5% des réserves mondiales –, et à peine plus de gaz traditionnel (moins de 2%).

Cette pauvreté énergétique inquiète beaucoup les gouvernements, car l'accès à des ressources toujours plus importantes d'énergie est essentiel pour maintenir un taux de croissance élevé. Pas question de compter sur le pétrole pour répondre à la demande croissante de ces pays; la proximité du pic de production du pétrole fait en sorte qu'il sera difficile pour la Chine et l'Inde d'augmenter significativement leur quote-part de la production mondiale, certainement pas assez pour répondre en totalité à l'augmentation de la consommation énergétique. Reste le gaz naturel et le charbon qui, ensemble, possèdent une marge de production suffisante pour combler leurs besoins, à tout le moins à court terme. Or, ces deux combustibles fossiles voyagent difficilement et coûtent très cher à transporter. De plus, le charbon occupe déjà la première place pour la production d'électricité. Malgré l'efficacité de l'industrie de la construction dans ces pays, les coûts importants des infrastructures de liquéfaction et de regazéification du gaz limitent l'augmentation possible de sa consommation en Asie. Pour la Chine et l'Inde, qui comptent sur le développement du spectre énergétique au grand complet, du charbon aux ressources renouvelables en passant par le nucléaire, pour assouvir leurs besoins énergétiques grandissants, toute barrière à l'utilisation du gaz naturel risque de causer un tort important à leurs populations et de précipiter ces pays dans une crise majeure.

En avant la révolution!

On le voit, la planète tout entière a besoin de rien de moins qu'une révolution dans le secteur du gaz naturel. Prises dans leur ensemble, les réserves mondiales sont suffisantes pour répondre aux besoins de la planète pendant encore de nombreuses décennies, mais leur concentration dans les mains de quelques gouvernements et la nature régionale de cette ressource limitent la création d'un marché efficace et provoquent des tensions importantes dans presque toutes les régions du globe, qui poussent celles-ci à chercher des alternatives à la structure de distribution actuelle. Parmi les régions les plus actives dans cette recherche de solutions, on retrouve l'Amérique du Nord qui, comme on le verra dans les pages qui suivent, fait face, la première, à une décroissance imminente de sa production de gaz traditionnel.

Chapitre 2

LE PIC DE PRODUCTION DE GAZ NATUREL

Malgré ce qu'on pourrait penser, l'inquiétude au sujet de l'approvisionnement en gaz naturel en Amérique du Nord n'est pas propagée uniquement par les environnementalistes ou les promoteurs de la simplicité volontaire, qui reconnaissent plus volontiers que d'autres les limites des ressources. Les prévisions parfois alarmistes des dernières années sur la production de gaz naturel en Amérique du Nord sont plutôt le fait des industriels, des sociétés d'exploration gazière, des agences gouvernementales et des investisseurs. D'ailleurs, ces derniers n'ont pas hésité à miser des milliards dans le développement de nouvelles infrastructures permettant de garantir à ce continent un approvisionnement suffisant en gaz naturel.

Aujourd'hui, ces craintes s'avèrent fondées et la production de gaz naturel traditionnel chute malgré des efforts considérables de prospection[10]. Comme le montre la figure 2.1, le pic de production du gaz naturel traditionnel semble avoir été atteint au Canada et la production diminue régulièrement depuis quelques années. De son côté, la production américaine ne fait bonne figure que grâce aux shales gazifères et à la course folle des foreurs américains qui doivent décupler leurs efforts pour seulement maintenir le débit à un niveau constant: la moitié de gaz naturel produit aux États-Unis est extraite de puits forés au cours des trois dernières années et demie, une situation intenable à moyen terme[11].

Jusqu'à la fin des années 1990, tout allait pourtant pour le mieux dans l'industrie du gaz naturel et les divers paliers de gouvernement

10. *L'ABC des gaz de schistes, op. cit.*, p. 1.

11. *Modern Shale Gas Development in the United States: A Primer*, rapport préparé par le Ground Water Protection Council et ALL Consulting pour le US Department of Energy, avril 2009, p. 4.

misaient de plus en plus sur cette ressource pour la production d'électricité. Grâce à une chaleur plus élevée, les centrales au gaz sont plus efficaces que celles au charbon et, surtout, elles sont plus propres, diminuant considérablement les incidences de smog et contribuant à une amélioration nette de la qualité de l'air dans les grandes villes du continent en plus de réduire le problème des pluies acides. Comme le dit le slogan publicitaire de la compagnie québécoise Gaz Métro : on voyait alors la vie en bleu !

FIGURE 2.1

Production de gaz naturel au Canada et aux États-Unis (en millions de tep)

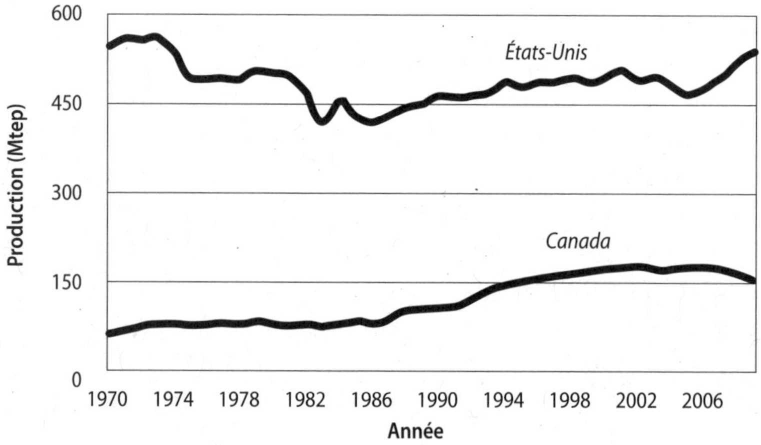

Si la production américaine connaît de nombreux soubresauts et profite, depuis quelques années, de l'ajout des gaz de shale, la production canadienne, essentiellement traditionnelle, varie de manière beaucoup moins accentuée et a atteint son pic de production dès le milieu des années 2000.
Source : *BP Statistical Review of World Energy*, 2010

Assurer les approvisionnements

Avec la multiplication des centrales au gaz, dont la durée de vie peut dépasser 30 ans, on ne tarda pas à se demander si les réserves étaient suffisantes pour continuer sur cette voie. Comme c'est souvent le cas, on nia d'abord la possibilité d'une pénurie tout en évaluant les pistes de solution. Et ce n'est qu'en 2004, alors que les prix du pétrole et du gaz naturel montaient en flèche, que le Département américain de l'énergie reconnut finalement le problème :

les États-Unis, qui importent plus de 100 milliards de m^3 (Gm^3) de gaz naturel canadien chaque année, ne pourraient plus compter que sur 60% de cette ressource en 2025, faute d'une production suffisante au nord de leur frontière. Une telle annonce confirma les doutes qui s'installaient chez les distributeurs de gaz et les grands consommateurs au sujet de la disponibilité à long terme du combustible. Ceux-ci évaluèrent rapidement leurs options: importer du gaz naturel de l'étranger ou trouver sur place de nouvelles ressources à un coût concurrentiel par rapport au gaz traditionnel. Il fallait faire vite, car le déploiement de nouvelles infrastructures énergétiques requiert parfois de nombreuses années d'études et d'évaluations de toutes sortes.

Adoptant une position extrême, les autorités albertaines envisagèrent la possibilité de construire des centrales nucléaires pour chauffer l'eau nécessaire à la production de pétrole à partir des sables bitumineux. Bien que coûteuse, cette solution aurait eu l'avantage par rapport au gaz naturel utilisé actuellement de réduire considérablement les émissions de gaz à effet de serre associés à l'extraction du goudron. Pour le reste de l'Amérique du Nord, toutefois, la solution à la chute incessante de la production se trouvait à l'étranger, dans les immenses réserves du Moyen-Orient et de la Russie. Car la filière gazière est beaucoup plus flexible et nettement moins chère que le nucléaire, et certainement plus propre que le charbon. Surtout, le réseau de distribution à travers l'Amérique du Nord étant déjà en place, il suffisait d'acheminer le gaz à n'importe quel point ou presque du continent pour pouvoir le distribuer à faible coût au consommateur où qu'il se trouve. Ne manquaient donc que les ports méthaniers pour accueillir les gigantesques congélateurs flottants qui transportent le gaz naturel sous forme liquéfiée. Dotés d'infrastructures de regazéification, ils doivent réchauffer celui-ci en douceur et le ramener de manière contrôlée à son état gazeux avant de l'expédier, par gazoduc, au client final. En quelques années, les projets de construction de telles infrastructures se sont multipliés en Colombie-Britannique, au Nouveau-Brunswick, au Québec et à Terre-Neuve-Labrador, au Canada, ainsi que dans de nombreux États côtiers des États-Unis, du Massachusetts à la Californie, en passant par le Maryland, la Louisiane et le Texas.

Sans surprise, ces deux solutions à la crise imminente dans le secteur du gaz naturel nord-américain – nucléaire et gaz naturel liquéfié – furent plutôt mal reçues par les populations locales. Aidés par les groupes environnementaux, les citoyens ont exprimé de très grandes réticences à ce que ces investissements majeurs obtiennent le feu vert avant même que les risques environnementaux et économiques de ces lourdes infrastructures soient évalués. Difficile aussi pour ceux-ci de comprendre la précipitation soudaine des gouvernements et des investisseurs alors que les ressources de gaz semblaient infinies quelques années plus tôt. Malgré l'absence de concertation entre les divers groupes d'opposition, pourtant, les projets s'enlisèrent les uns après les autres. Ce qui, comme on le voit dans l'encadré *La saga du gaz naturel liquéfié en Amérique du Nord*, ne fut pas une mauvaise chose.

LA SAGA DU GAZ NATUREL LIQUÉFIÉ EN AMÉRIQUE DU NORD

Au début des années 2000 et face à la perspective d'une chute de la production du gaz naturel sur le continent, les divers paliers de gouvernements américains et canadiens décidèrent qu'il fallait rapidement mettre en place les infrastructures permettant son importation à grande échelle. Puisqu'il était hors de question de construire des gazoducs reliant le continent à la Russie ou au Moyen-Orient, le gaz naturel liquéfié (GNL), qu'on obtient en refroidissant le gaz à −160 °C à pression atmosphérique, s'imposa comme la seule option techniquement viable. Cette transformation permet de condenser le gaz d'un facteur environ 600, ce qui rend son transport par bateau économiquement faisable. Si le processus est bien maîtrisé, son application à grande échelle reste cependant complexe. Il faut gérer, à un bout, la grande quantité de chaleur dégagée durant le processus de liquéfaction et, à l'autre, la nécessité de ramener le liquide sous forme gazeuse de manière contrôlée. Malgré ces difficultés et les coûts associés, qui peuvent dépasser 0,15 \$/m^3 (4 \$/GJ), un coût équivalant au prix au puits actuel en Amérique du Nord, le transport de gaz naturel liquéfié est un procédé bien établi et plus de quart du commerce international de gaz naturel se fait sous cette forme[12].

12. Ce chiffre est un peu trompeur. Comme le marché du gaz naturel est avant tout local, le gaz naturel liquéfié ne représente guère plus de 7% de la consommation mondiale.

En 2004, on retrouvait quatre ports méthaniers en Amérique du Nord, tous aux États-Unis: dans le Maine, en Louisiane, en Georgie et au Maryland. Leurs importations représentaient alors environ 2% du marché continental. Pour répondre à l'augmentation prévue de la demande dans un contexte de décroissance de production, il fallait donc multiplier rapidement les ports méthaniers sur les côtes et relier ceux-ci au réseau de gazoduc existant. Dans la panique, les divers gouvernements ouvrirent toute grande la porte aux investisseurs intéressés par cette activité à potentiel fort lucratif; suivant l'exemple du pétrole, le prix du gaz naturel doubla entre 2002 et 2004, passant d'un peu moins de 3 $/1000 pieds cubes de gaz à plus de 6 $, pour atteindre 11 $ en juin 2008. Il y avait donc espoir de profits malgré les coûts additionnels de liquéfaction et de transport. Et pas question pour les populations locales de rechigner: il s'agissait d'une question d'intérêt national primant sur la destruction de panoramas ou les risques d'un port mal situé, comme à Rabaska, devant l'île d'Orléans, à proximité de la ville de Québec, un site d'une grande valeur patrimoniale.

Au Canada seulement, neuf projets furent mis de l'avant à toute vapeur: Canaport LNG, au Nouveau-Brunswick, Grassy Point à Terre-Neuve-et-Labrador, Keltic/Maple LNG, en Nouvelle-Écosse, Rabaska et Gros-Cacouna, au Québec, et Kitimat LNG, en Colombie-Britannique. Mais l'urgence de 2004, qui ne souffrait aucune opposition, s'est soudainement évaporée avec l'annonce, en avril 2008, du succès de l'exploitation des gaz de shale à Barnett au Texas. Depuis lors, les projets retardés et annulés se multiplient: sur la côte est, Grassy Point, Rabaska, Gros-Cacouna et Keltic/Maple LNG sont annulés ou sur la glace et Canaport LNG, le seul terminal construit, inauguré en 2009, n'a fonctionné qu'au tiers de sa capacité à l'hiver 2010. Quant à Kitimat LNG, sur la côte ouest, dans un revirement digne des plus grands scénarios, les promoteurs ont annoncé, en septembre 2008, qu'il serait bien construit, mais qu'il servirait à *l'exportation* des surplus de gaz canadien plutôt qu'à l'importation!

Dans ce dossier, comme dans plusieurs autres, le désir d'attirer les investisseurs a aveuglé des gouvernements, lesquels étaient d'ailleurs prêts à cacher ou à ignorer des données pour ne pas perdre ces investissements. Le désastre n'a pu être évité que grâce à l'acharnement de citoyens. Ceux-ci ont réussi à retarder la mise en place de ces projets et, on le voit aujourd'hui, leur déconfiture, qui n'aurait pas manqué de coûter cher aux gouvernements et aux citoyens.

Il reste à voir, maintenant, ce qu'il adviendra de la nouvelle coqueluche: les gaz de shale.

Pendant que les gouvernements et les fournisseurs de gaz cherchaient à imposer les projets de terminaux méthaniers à la population et à identifier les pays producteurs prêts à augmenter leurs capacités de liquéfaction et à signer des contrats de livraison à long terme, les sociétés d'exploration gazière ne jetaient pas l'éponge. Pas question pour elles de mourir à petit feu en laissant toute la place au gaz importé. Seule solution : développer des technologies efficaces qui permettraient d'exploiter à un coût raisonnable les immenses réserves non traditionnelles présentes à la grandeur du continent. Bien que la majorité des observateurs considérait qu'un tel exploit ne pouvait être réalisé à court terme, les foreurs gagnèrent leur pari et, grâce à une série d'avancées techniques, firent chuter les coûts de production de ce gaz à un niveau suffisamment bas pour concurrencer le gaz naturel liquéfié, bouleversant complètement l'industrie du gaz naturel en Amérique du Nord. En Colombie-Britannique, par exemple, non seulement il n'est plus question d'importer du gaz naturel liquéfié, mais on prévoit maintenant construire des terminaux méthaniers pour exporter les surplus de production attendus vers l'Asie où la demande est importante et croît rapidement.

Et qui a dit que l'histoire touchait à sa fin ?

Le gaz naturel non traditionnel

La révolution du gaz naturel fut rendue possible grâce à la diversité des ressources non traditionnelles. Les ingénieurs eurent, en effet, tout le loisir de choisir celle qui, parmi le lot, était la plus facile à craquer avec les techniques à leur disposition. Le gaz naturel classique, on l'a vu plus haut, est contenu dans des roches poreuses qu'il suffit de percer pour en extraire le contenu. Ce type de structure géologique, toutefois, n'est pas le seul à avoir pu recueillir le méthane produit sur des millions d'années à partir de la matière organique[13].

13. Pour plus de détails, voir, par exemple, mon livre *Au bout du pétrole. Tout ce que vous devez savoir sur la crise énergétique*, Québec, Éditions MultiMondes, 145 pages.

Si, aujourd'hui, gaz non traditionnel rime avec gaz de shale, il y a quelques années seulement, l'industrie se tournait plutôt vers le gaz naturel piégé dans les strates de charbon, qu'on appelle aussi *grisou.* Exploité pour l'éclairage au XIXe siècle, le grisou non purifié est instable, toutefois, et les explosions étaient alors communes. Aussi, fut-il délaissé dès que le gaz naturel traditionnel commença à être exploité. Avec la demande croissante en énergie, de nombreux exploitants se tournent à nouveau vers cette ressource qu'on nomme à présent gaz de charbon, particulièrement dans les régions du globe disposant de grandes quantités de charbon difficile d'accès, comme c'est le cas en Chine. Le méthane emprisonné dans ces structures peut, en effet, être extrait *in situ*, sans avoir à ouvrir de mine : on injecte simplement du gaz carbonique liquéfié (CO_2) qui déloge le méthane et le renvoie à la surface. Si le méthane est relativement facile à exploiter, les quantités piégées dans le charbon sont plutôt faibles. Elles peuvent certes aider à satisfaire quelques besoins locaux, mais elles sont nettement insuffisantes pour affecter de manière significative le marché mondial du gaz naturel.

Disponibles en quantités beaucoup plus grandes, les hydrates de méthane sont des structures composées de molécules d'eau et de méthane qu'on retrouve au fond des océans où elles sont maintenues ensemble par la forte pression de l'eau ou dans le pergélisol des régions circumpolaires. Si les réserves estimées sont immenses, – elles pourraient atteindre 1 000 Gtep –, on ne sait toujours pas comment s'y prendre pour récupérer une fraction des ressources sans libérer, du même coup, de grandes quantités de méthane, un gaz à effet de serre au moins 25 fois plus pernicieux que le CO_2 dans l'atmosphère.

Pour plusieurs, les gaz de shale appartenaient jusqu'à tout récemment à la même catégorie. Bien qu'on connaissait depuis longtemps l'existence de cette immense ressource énergétique, la nature des structures géologiques emprisonnant ces gaz est telle qu'on ne pensait pas qu'il était possible de l'exploiter à des coûts raisonnables. Malgré qu'on ignore toujours les coûts réels de production, comme on le verra dans les chapitres à venir, la technologie permettant d'exploiter ces gisements de manière concurrentielle est aujourd'hui au rendez-vous.

D'un point de vue purement quantitatif, l'accès à ces ressources non traditionnelles longtemps tenues pour inexploitables aurait dû n'avoir qu'un impact mineur sur le marché du gaz naturel. Les grands producteurs livrent déjà suffisamment de gaz naturel classique pour satisfaire à la demande mondiale en plus de conserver une importante marge de manœuvre afin de répondre à toute hausse rapide de la demande. Mais, comme on l'a vu, le marché du gaz est avant tout régional et son transport à travers les mers ajoute des coûts importants à sa valeur au puits. C'est pourquoi cette percée technologique prend l'aspect d'une révolution : des territoires obligés d'importer leur gaz d'un seul fournisseur, comme en Europe, ou disposant de très peu de ressources en hydrocarbure à proximité, découvrent soudainement qu'ils n'ont plus besoin de se tourner vers le gaz naturel liquéfié et des contrats d'approvisionnement à long terme. Il leur est maintenant possible d'exploiter la ressource locale, avec tous les avantages politiques, sociaux et économiques que cela implique. L'intérêt des gaz de shale n'est donc pas dans la quantité absolue de gaz disponible, mais bien dans sa distribution géographique : la politique et l'énergie ne sont jamais très loin!

PARTIE II

Les bases de la révolution

Chapitre 3

LA GÉOLOGIE DES SHALES

Comme on l'a vu, nombreux étaient ceux qui, dans l'industrie, les gouvernements et chez les observateurs, pensaient que l'Amérique du Nord s'en allait, dans un avenir très proche, vers une crise majeure du gaz naturel. Cette crise n'aura pas lieu, à tout le moins pas avant quelques décennies, grâce aux désormais célèbres gaz de shale. Ces derniers ont bouleversé la donne énergétique de la planète entière, affectant les investissements dans les ports méthaniers, bien sûr, mais aussi tout le marché de l'électricité, du charbon aux énergies renouvelables, en passant par le nucléaire et l'hydroélectricité. Le gaz de shale brouille également la carte politique, car les grands gisements se retrouvent dans des régions qui ne disposaient pas, ou peu, d'hydrocarbures traditionnels.

L'existence de ces grandes structures géologiques gorgées de gaz naturel est connue depuis longtemps. Ainsi, le premier puits creusé dans le shale de Marcellus, qui recouvre la Pennsylvanie ainsi qu'une partie importante de l'Ohio et de l'État de New York, remonte à 1821, alors que William Hart trouva du gaz naturel près du village de Fredonia NY, aux États-Unis. On peut encore voir dans la petite ville une plaque qui souligne la mise en service d'un éclairage au gaz dans ce village, qui fut inauguré pour le passage du Marquis de La Fayette[14]. Au Canada, on exploite également le Second shale argileux de White, situé à la frontière entre l'Alberta et la Saskatchewan depuis des décennies, profitant de fracturations naturelles qui livrent du gaz à un débit faible, mais constant[15].

Toutefois, les fissures de cette taille sont rares dans les shales et, pour exploiter pleinement cette ressource, il a fallu trouver la

14. Site Internet du village de Ferdonia.

15. *L'ABC du gaz de schistes au Canada*, *op. cit.*, p. 4.

bonne façon de forcer la nature. Mais avant de discuter des percées technologiques qui ont permis de rendre commercialement viable l'exploitation de cette ressource, il est utile de faire une revue accélérée de la géologie de ces structures. Si l'idée de vous salir les mains et les genoux ne vous excite pas, vous pouvez toujours sauter ces quelques pages et nous retrouver au chapitre suivant.

Les roches sédimentaires

On l'a vu, les réserves traditionnelles de gaz naturel ne sont pas distribuées uniformément sur la planète. Certaines régions, telles que l'Amérique du Sud, l'Afrique et l'Asie du Sud-Est en sont presque complètement dénuées. Par contraste, les shales susceptibles de livrer du méthane sont distribués de manière beaucoup plus uniforme sur la planète.

Pour comprendre cette situation, il faut se tourner vers la géologie qui étudie la formation des diverses roches qui composent la croûte terrestre à travers les âges. Or, la géologie des shales, qui nous intéresse ici, est plutôt bien comprise. Pas dans tous ses détails, bien sûr, car ceux-ci exigent parfois une exploration coûteuse qui n'arrive que lorsqu'on se décide vraiment à exploiter une ressource naturelle, mais assez pour avoir déjà une excellente idée des régions où il faudra creuser. Je vous propose donc ici ma compréhension de physicien de ce savoir d'une autre discipline. Cette approche aura sans doute le mérite de rendre ces connaissances accessibles à tous les intéressés.

On peut classer les roches qui composent la croûte terrestre en trois grandes catégories : ignées, métamorphiques et sédimentaires. Ces dernières, qui ne représentent que 5 % de la croûte terrestre dans toute son épaisseur, se retrouvent essentiellement à la surface de la planète, recouvrant environ 80% de celle-ci. Elles forment, en grande partie, l'interface entre le monde vivant et le monde minéral. Aussi, malgré leur faible proportion, une fraction importante des ressources naturelles exploitées aujourd'hui provient de ces structures géologiques dont, dans le cas qui nous intéresse, le gaz naturel, le pétrole et le charbon. En plus, elles fournissent de nombreux matériaux de construction, la glaise, l'argile, etc. Ces roches se forment par un mélange de produits d'érosion transportés parfois sur de longues distances, de matière organique et de précipités locaux qui se compactent doucement, sous le poids des débris qui continuent à s'accumuler, comme le montre la figure 3.1. Les roches sédimentaires contiennent généralement des fragments d'autres roches, divers silicates, des calcaires ainsi que des précipités d'éléments contenus dans l'eau – principalement des morceaux de coquilles d'organismes marins. Ce processus de formation, qui varie avec l'apport des divers sédiments, mène à une roche stratifiée, c'est-à-dire possédant une structure par couche.

FIGURE 3.1
Formation des roches sédimentaires

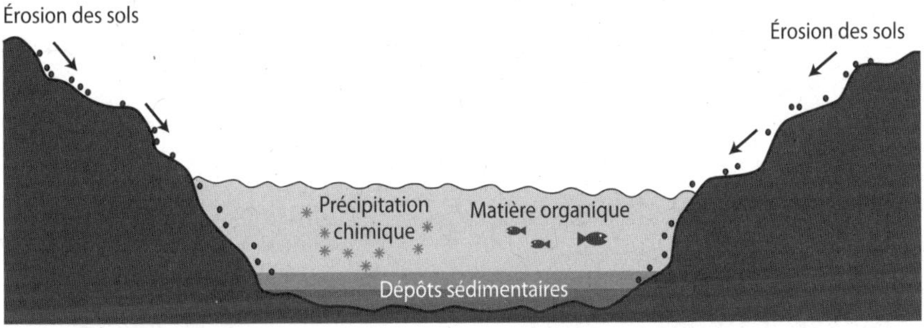

C'est ce mélange, pouvant être riche en matière organique, qui différencie la roche sédimentaire de ses deux cousines. Les roches ignées se forment lors de la solidification du magma et se composent uniquement de matière inorganique, essentiellement des silicates, matériaux à base de silicium, d'oxygène et de métaux tels que l'aluminium, le fer, le magnésium, le sodium et le calcium. Quant aux roches métamorphiques, comme leur nom l'indique[16], ce sont des roches ignées ou sédimentaires transformées par des températures et des pressions élevées, c'est-à-dire à plus de 150 °C et à des pressions dépassant 3000 atmosphères (ou l'équivalent d'une colonne d'eau de 30 km). Ces processus se déroulent à de grandes

16. Métamorphique, du grec *meta* qui signifie change et *morphique*, forme: qui change de forme.

profondeurs, souvent suite au mouvement des plaques tectoniques, et les conditions extrêmes nécessaires pour la transformation de cette roche ont vite fait d'éliminer la plus grande partie de la matière organique qui aurait été piégée dans la roche sédimentaire initiale, laissant très peu d'hydrocarbures, au mieux, dans ces nouvelles structures[17].

Les shales noirs

En raison de leur processus de formation, la composition des roches sédimentaires peut varier considérablement. Celles qui nous intéressent ont été formées dans des circonstances bien particulières, au cours desquelles la matière organique a été piégée avant de se décomposer. Dans ce cas, les produits de l'érosion des roches et des sols se déposent dans les profondeurs d'un lac ou d'une mer en même temps que la matière organique et divers minéraux en suspension dans l'eau, isolant la matière organique de tout contact avec l'oxygène. La décomposition se trouve alors interrompue, ce qui favorise des processus anaérobies et thermiques qui transformeront les résidus organiques en kérogène, matière à la base de tous les combustibles fossiles. Progressivement, de nouveaux sédiments et autres dépôts s'accumulent, recouvrent la matière organique et forment, sous l'effet de la pression et de la température, la roche-mère, une roche sédimentaire parcourue de fines veines de kérogène. Avec le temps, celle-ci continuera de s'enfoncer dans le sol facilitant la transformation de la matière organique en un mélange d'hydrocarbures. Ces molécules sont de longues chaînes d'atomes de carbone auxquels sont greffés des atomes d'hydrogène. Plus la transformation progresse, plus les chaînes raccourcissent, produisant ultimement un mélange d'eau (H_2O), de gaz carbonique (CO_2) et de méthane (CH_4), principale molécule du gaz naturel.

Durant le processus de transformation, une partie du pétrole et du gaz, qui sont plus légers que l'eau, remonte à la surface pour se loger dans des roches poreuses, elles-mêmes recouvertes d'une couche

17. M.B. Wood, «Hydrocarbon gases in the soils of Carroll County, Maryland – a metamorphosed region», *Physics and Chemistry of The Earth*, 1980, vol. 12, p. 177.

imperméable. C'est cette dernière qui permet aux hydrocarbures de s'accumuler et former les gisements conventionnels d'où le gaz peut s'échapper facilement[18].

FIGURE 3.2

Shale d'Utica près de la chute Montmorency au Québec

On remarque la structure très feuilletée de la roche. Celle-ci est gorgée de gaz naturel. Il suffit d'un coup de marteau pour que l'on sente l'odeur caractéristique des hydrocarbures.
Source : *L'ABC du gaz de schistes au Canada*, Office national de l'énergie, nov. 2009, fig. 4, p. 6

Le reste est prisonnier de cette roche argileuse feuilletée, au grain très fin, qui forme une structure étanche (voir la figure 3.2). On appellera donc shales noirs, ces roches sédimentaires argileuses à fort contenu en hydrocarbures, généralement formées entre les périodes du Cambrien et du Paléologène, c'est-à-dire quelque part entre 2 et 500 millions d'années[19]. C'est cette forte proportion d'argile, dont la structure est relativement imperméable, qui

18. Lorsque la roche poreuse n'est pas recouverte d'une structure imperméable, les petites molécules, légères, s'évaporent et ne laissent plus que les longues chaînes d'hydrocarbures, sorte de goudron qu'on retrouve, entre autres, dans les sables bitumineux de l'Alberta.
19. *Oil shale*, American Association of Petroleum Geologists. http://emd.aapg.org/technical_areas/oil_shale.cfm

empêche le pétrole ou le gaz naturel de migrer vers de larges poches exploitables par les techniques de forage traditionnelles et qui rend ces shales si intéressants pour l'industrie gazière.

Malgré les progrès techniques, il faut savoir que seule une fraction du gaz naturel contenu dans ces shales est exploitable. En effet, le méthane apparaît dans ces roches sous trois formes différentes. Par ordre d'importance, on retrouve le méthane libre piégé entre les feuilles, dans les interstices et les fractures. Ensuite viennent le gaz naturel adsorbé, fixé à la roche et, beaucoup moins important, le méthane dissous dans la matière organique qui n'est pas encore complètement transformée. De ces trois formes, seul le méthane libre est récupérable par fracturation hydraulique. Il est donc important, lorsqu'on évalue un gisement, de bien séparer les différentes formes de gaz présentes.

Les réservoirs étanches

Il arrive que le gaz naturel qui s'échappe des shales soit piégé dans une roche formée de sable ou de silt, un sable très fin, pressurisé. Cette roche est plus poreuse que le shale, mais suffisamment compacte pour empêcher le gaz de se diffuser. Ces formations dites étanches sont également fracturables et sont donc souvent incluses dans la famille des gaz de shale.

Évaluation de la ressource

Les gisements propices à la production de ce gaz non traditionnel sont répartis sur toute la planète. En Amérique du Nord, bien sûr, mais aussi en Amérique du Sud, en Asie centrale, en Afrique du Nord, en Europe, dans plusieurs des républiques de l'ex-URSS, en Océanie et en Chine. L'historique et la composition de ces shales varient considérablement. Ils n'ont pas tous la même teneur en matière organique et la transformation de celle-ci en gaz et en pétrole s'est effectuée à des âges très différents. On se retrouve donc avec des contenus qui vont du kérogène presque frais à celui ayant déjà été transformé en grande partie en hydrocarbures. Les estimations des réserves totales varient, mais le chiffre de 450 Tm^3, soit environ 3 fois le niveau des réserves mondiales classiques, revient régulièrement[20]. En raison de la grande variation de la composition des shales et du fait que la majorité des shales n'ont pas encore été explorés dans un but de commercialisation, la valeur estimée des hydrocarbures qu'ils recèlent doit tout de même être acceptée avec un certain scepticisme.

En effet, pour évaluer précisément la capacité d'un gisement, il faut forer et analyser en détail les carottes de forage ou de puits d'exploration. On recherchera particulièrement des structures étanches de bonne épaisseur avec un contenu important de matière organique. Il est nécessaire, de plus, que les pores ne soient pas trop petits et que la roche soit suffisamment cassante pour propager les brisures générées lors de la fracturation hydraulique et libérer suffisamment de gaz pour justifier le forage. On évalue également la quantité d'eau déjà présente dans les shales, car celle-ci, généralement chargée de sels, devra être capturée et éliminée lors de l'exploitation.

Toutes ces mesures coûtent cher et n'ont pas encore été faites pour la majorité des shales de la planète. Cela laisse planer une grande incertitude quant à l'ampleur réelle des réserves.

Le pétrole de shale

Jusqu'à présent, les shales noirs, chargés d'hydrocarbures, ont été fort peu exploités. Lorsqu'ils le furent, on a cherché essentiellement à produire du pétrole. Dans ce cas, comme pour les sables bitumineux, il faut miner la roche-mère, la réduire en miettes et séparer par chauffage le pétrole des sédiments inorganiques. Ce procédé est connu depuis longtemps. On produisit ainsi du pétrole de shale à Autun, en France, en Écosse ainsi qu'en Ontario et au Nouveau-Brunswick, au Canada, durant une bonne partie du XIXe siècle et, dans le cas de l'Écosse, jusqu'en 1962[21]. Aux États-Unis, l'arrivée de

20. H. Liu, H. Wang, R. Liu et Y. Lin, *Shale gas in China: New important role of energy in 21st century*, 2009 International coalbed and shale gas symposium, 2009.
21. *Oil shale*, American Association of Petroleum Geologists, *op. cit.*

l'automobile au début du XXe siècle a suscité, durant quelques années, l'intérêt des investisseurs pour le pétrole de shale et, plus particulièrement, celui des gisements de la Green River Formation, qui s'étend sur une partie de l'Utah, du Wyoming et du Colorado, dans l'ouest des États-Unis. La découverte de pétrole beaucoup plus facile à exploiter au Texas et au Moyen-Orient arrêta les travaux, qui ne reprirent que dans les années 1970, après la première crise du pétrole. Après des investissements considérables et l'opération à grande échelle d'une installation expérimentale, le projet fut abandonné en 1991 à cause des coûts de production trop élevés, chaque tonne de minerai traité ne livrant que 34 gallons de pétrole en moyenne, soit un peu plus d'un demi-baril. Aujourd'hui, ce processus coûteux n'est utilisé qu'à petite échelle au Brésil, en Chine et en Estonie. Cependant, des progrès techniques rendant cette ressource économiquement viable sont certainement possibles, à la lumière des avancées dans l'exploitation des sables bitumineux.

Avec l'avènement de la fracturation hydraulique, l'intérêt pour les shales et leur technologie a explosé. En Amérique du Nord, de nombreux shales sont déjà en exploitation : le shale de Barnett, au Texas, le shale de Marcellus, qui recouvre une partie de la Pennsylvanie, de l'Ohio et de l'État de New York, le shale de Haynesville, en Louisiane, celui d'Utica, qui recouvre le nord de l'État de New York et le sud du Québec et le shale de Horn River, dans le nord-est de la Colombie-Britannique. Ailleurs sur la planète, la course aux permis d'exploitation a commencé et on devrait bientôt voir les premiers puits d'exploration des shales gazifères en Europe, en Amérique du Nord et en Chine, qui permettront de tracer un portrait global et complet de cette structure géologique longtemps laissée-pour-compte.

ANATOMIE DU SHALE D'UTICA

Bien que chaque shale soit unique, une description un peu plus détaillée d'un shale en particulier permet de mieux comprendre les défis de leur exploitation. Considérons, par exemple, la structure géologique de l'Utica, situé à cheval entre le Canada et les États-Unis et recouvrant l'État de New York et le sud du Québec (voir les figures 3.3 et 3.4). Ce shale tient son nom de la ville d'Utica, NY. Il fut identifié pour la première fois près du ruisseau Starch Factory, à proximité de cette ville. La formation géologique du shale d'Utica, une roche qui ressemble un peu à de l'ardoise à grains très fins, remonte à l'Ordovicien, il y a environ 450 millions d'années.

FIGURE 3.3

Détails du shale d'Utica dans le sud du Québec

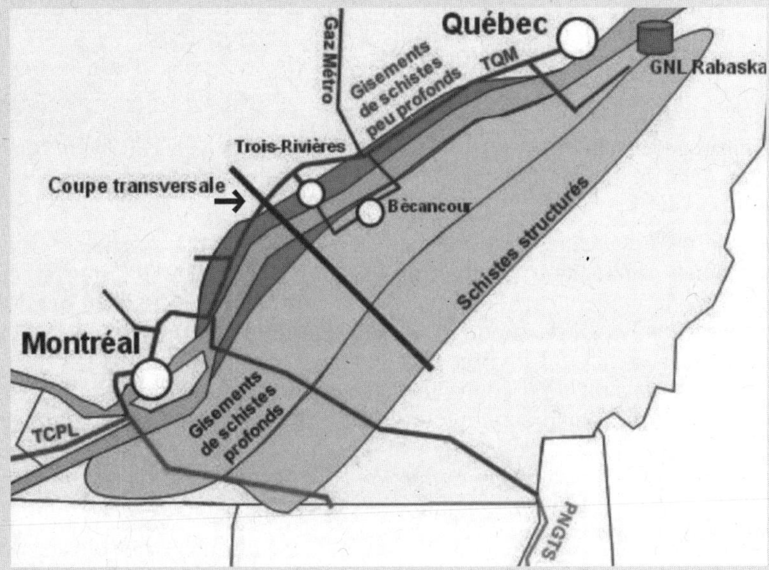

Source: *L'ABC du gaz de schistes au Canada*, Office national de l'énergie, nov. 2009, figure 14, p. 21

La section québécoise recouvre une superficie d'environ 13000 km^2 jusqu'à l'île d'Anticosti. La section la plus prometteuse se trouve sur la rive sud du Saint-Laurent, entre Montréal et Québec ; elle fait tout de même 6000 km^2.

Le shale d'Utica se situe à une profondeur variant entre 1 et 3 km dans le sud du Québec pour plonger jusqu'à 4 ou 5 km sous les Appalaches et affleurer à l'embouchure de la rivière Montmorency, près de la ville de Québec. Son évolution fut mouvementée, comme le montre la figure 3.4. Sous l'impact des bouleversements géologiques, la couche de l'Utica s'est repliée sur elle-même; elle s'est même scindée en plusieurs sous-couches avec, au-dessus, le shale de Lorraine, plus jeune, mais qui pourrait également être propice à l'exploitation.

FIGURE 3.4

Coupe transversale du shale d'Utica dans le sud du Québec

(prise le long de la ligne Coupe transversale de la figure 3.3)

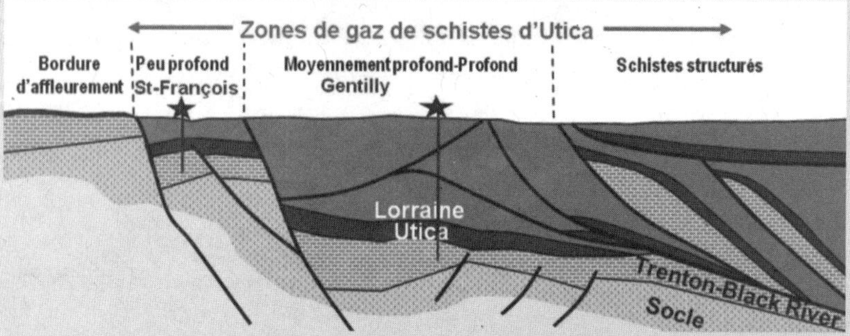

On remarque les nombreuses cassures et perturbations dans la couche de l'Utica. Source: *L'ABC du gaz de schistes au Canada*, Office national de l'énergie, nov. 2009, figure 5, p. 21

Il est possible d'évaluer grossièrement le gaz exploitable du shale d'Utica. Cette couche géologique, dont l'épaisseur varie entre 90 et 300 m, contient de 1 à 3% de matière organique, ce qui est un peu en deçà de ce que l'on retrouve dans les autres grands shales d'Amérique du Nord. Si on pose un taux de recouvrement d'environ 15 à 20% du méthane libre dans le shale, il devrait être possible de produire jusqu'à 150 Mm^3 au km^2, soit environ 35% de la production canadienne quotidienne (0,1% de la production annuelle du pays), ce qui n'est pas négligeable. Au total, le shale d'Utica pourrait représenter environ 6 ans de production canadienne. C'est beaucoup, mais on est loin des réserves énergétiques des sables bitumineux, par exemple.

Au-delà des chiffres, c'est peut-être le tour de force technologique qui apporte la vraie révolution. Si l'industrie est capable aujourd'hui de s'attaquer au gaz de shale, alors qu'on n'y croyait pas il y a moins d'une décennie, il y a tout lieu d'espérer que l'on verra rapidement doubler ou même tripler le taux de recouvrement et peut-être étendre l'application de la fracturation hydraulique à d'autres structures géologiques. Voilà un bon moment, me semble-t-il, pour faire toute la lumière sur cette révolution.

Chapitre 4

LE BOULEVERSEMENT TECHNIQUE DES DERNIÈRES ANNÉES

On connaissait depuis longtemps la présence de méthane libre dans les shales noirs. On savait aussi, depuis plus d'une vingtaine d'années, qu'il était possible de l'extraire avec la bonne technologie. La plupart des observateurs, toutefois, s'entendaient pour reconnaître que cette technique n'était pas viable, avant tout pour des raisons économiques. Même mesurés à l'aulne du gaz naturel liquéfié, les coûts d'exploitation du gaz de shale étaient jugés démesurés.

Tout a changé au milieu des années 2000 alors qu'on commença à extraire des quantités importantes du gaz à partir du shale de Barnett, au Texas, grâce à la fracturation hydraulique. Ce bouleversement technique, arrivé à la une des grands médias américains, en avril 2008, n'est pourtant pas le fruit du hasard. Il représente la conséquence du travail acharné étalé sur une vingtaine d'années de George T. Mitchell, un *wildcatter*[22] texan. Pendant longtemps, les pétrolières et les gazières n'ont montré que peu d'intérêt pour la roche-mère où sont créés les hydrocarbures. Elles se sont plutôt concentrées sur les réservoirs naturels vers lesquels migraient ceux-ci, des réservoirs généralement de taille relativement faible faits de roche poreuse recouverte de structures géologiques étanches. Les trouver relève donc, en bonne partie de la chance, surtout dans des régions exploitées depuis longtemps et où il ne reste que les petits réservoirs. Or, ce défi n'existe pas dans le cas des shales gazifère. La roche-mère, qui s'étend sur des kilomètres carrés retient une fraction importante, entre 1 et 10%, de composés organiques et, encore mieux, de gaz naturel piégé dans les interstices minéraux. Mais comment faire pour accéder à ce gaz? Dès 1981,

22. *Wildcatter*: prospecteur de pétrole qui se spécialise dans les régions délaissées par la majorité de l'industrie.

Mitchell se pencha sur la meilleure façon de l'extraire, une idée un peu farfelue au moment où les gisements classiques produisaient plus que le marché ne pouvait absorber. Mais le *wildcatter* ne se laissa pas décourager. Il travailla durant plus de deux décennies afin de développer la technologie qui allait révolutionner ce secteur énergétique: la fracturation de la roche par l'injection d'eau sous pression grâce à de longs puits horizontaux creusés à travers les couches les plus riches d'hydrocarbures. Évidemment, l'approche finale, fruit d'innombrables essais et erreurs, est plus complexe que la description que l'on vient de donner. Il ne suffit pas de fracturer la roche; il faut aussi garder les fissures ouvertes suffisamment longtemps pour que le gaz naturel ait le temps de diffuser jusqu'aux tuyaux collecteurs. Pour ce faire, on ajoute à l'eau de fines particules poreuses, en général du sable, qui bloqueront la fissure tout en laissant passer le gaz naturel, mélangées à un cocktail chimique pour faciliter l'insertion et la rétention de celles-ci.

Dès le début des années 2000, la fracturation hydraulique commença à attirer l'attention du milieu, et la presse spécialisée se mit à parler de cette nouvelle ressource. Comment ne pas remarquer que la production gazière du shale de Barnett avait été multipliée par cinq entre 2000 et 2005 pour atteindre 11 Gm^3, soit environ 2% de la production américaine? Une quantité petite, mais significative. Pourtant, l'industrie tardait à réellement décoller. Entre 2005 et 2008, deux facteurs contribuèrent à faire sortir la fracturation hydraulique des shales du lot des méthodes expérimentales. En 2005, un changement fait au Clean Water Act exempta les gazières de l'obligation qui leur était faite jusqu'alors de divulguer les produits chimiques utilisés pour la fracturation hydraulique, permettant à l'industrie de protéger ses brevets et d'éviter les diverses régulations[23]. En parallèle, la croissance économique survoltée

23. Selon Kevin Grandia, qui écrit dans le *Huffington Post*, les liquides utilisés durant la fracturation hydraulique «ont été exemptés du Clean Water Act» en 2005, sous la pression du vice-président américain de l'époque, Richard Cheney, afin de protéger les brevets et de faciliter leur utilisation. (Kevin Grandia, «How Cheney's loophole is fracking up America», *The Huffington Post*, 17 mars 2010. http://www.huffingtonpost.com/kevin-grandia/how-cheneys-loophole-is-f_b_502924.html)

de la planète, couplée à l'incapacité des pétrolières d'augmenter la production, fit augmenter les prix du gaz et du pétrole à un rythme soutenu, relançant l'innovation dans le domaine de l'énergie (figure 4.1).

FIGURE 4.1

Évolution des prix du gaz naturel à la tête de puits aux États-Unis, de 1976 à 2010

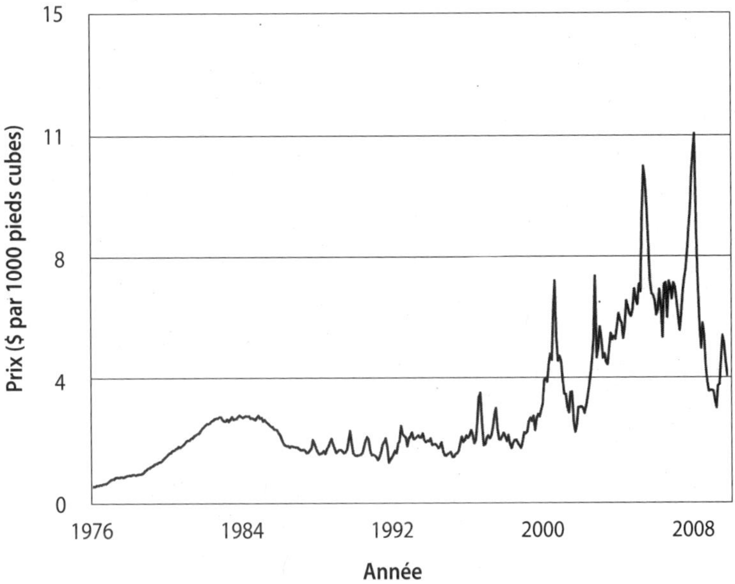

Source : US Energy Information Administration

Toutefois, ce n'est qu'au plus fort de la crise énergétique, alors que les prix du pétrole et du gaz naturel atteignaient des sommets, dans la première moitié de 2008, que cette technologie attira vraiment l'attention des spéculateurs crevant, un mois avant celle du pétrole, la bulle du gaz naturel. Avec le forage par fracturation hydraulique, les craintes quant aux ressources de gaz naturel en Amérique du Nord disparurent en fumée ; le prix du méthane chuta, d'un coup, de son sommet historique, de 11 $ du gigajoule à près de 3 $, un prix qui se maintient depuis, aidé, par l'intérêt grandissant des grandes multinationales de l'énergie pour cette ressource non traditionnelle. Ces dernières, qui doivent dépenser toujours plus pour trouver de nouveaux gisements pétroliers voient les gaz de shale comme un secteur relativement sûr aux coûts bien contrôlés qui mérite certainement leur attention. Ainsi, le géant Exxon a dépensé 46 milliards de dollars pour acheter l'américaine XTO, une compagnie de 3000 employés avec un chiffre d'affaires de 7,7 milliards de dollars, spécialisée dans la fracturation hydraulique. Depuis, les prises de contrôle et les coentreprises se multiplient rapidement, permettant ainsi aux *majors* d'acheter les permis d'exploration, le savoir-faire et la technologie nécessaires pour se lancer, elles aussi, dans la course aux gaz de shale.

Combien y a-t-il de gaz exploitable dans ces shales?

S'il est difficile d'estimer la quantité totale de gaz de shale exploitable dans le monde, on dispose de chiffres un peu plus fiables pour l'Amérique du Nord. Selon un rapport préparé pour le US Department of Energy en 2009[24], les ressources récupérables de gaz naturel non traditionnel – shales, roches étanches et grisou – représentent 60% des réserves récupérables sur le continent. En d'autres mots, pour chaque mètre de cube de gaz traditionnel récupérable, on trouverait 1,5 mètre cube de méthane non traditionnel. Au niveau de consommation de 2007, toujours selon ce rapport, cela voudrait dire des réserves jusqu'en 2100, ce qui changerait complètement la donne par rapport aux chiffres que l'on évoquait, il y a seulement quelques années[25].

Le qualificatif crucial, dans l'évaluation des ressources, est «exploitable». Car ce n'est pas tout de disposer d'immenses ressources de gaz, encore faut-il savoir l'extraire de manière efficace. Or, les résultats de la fracturation hydraulique sont impressionnants:

24. *Modern Shale Gas Development in the United States: A Primer*, rapport préparé par le Ground Water Protection Council et ALL Consulting pour le US Department of Energy, avril 2009, p. ES-1.

25. Ces chiffres sont en contradiction avec ceux présentés dans le tableau 2.2. La raison en est que le US Department of Energy utilise une plus large base pour calculer les ressources récupérables que BP. On estime les ressources récupérables à l'aide de fourchettes. Par exemple, la caractérisation d'un gisement hypothétique peut évaluer à 10% les chances que l'on puisse récupérer 1000 Mm^3 de gaz, à 50%, celles que l'on en extraie 450 Mm^3 et à 90% la probabilité que l'on puise 100 Mm^3. C'est à chacun de décider de son degré d'optimisme quand vient le temps d'annoncer la taille d'un gisement!

déjà, avec une exploitation encore dans ses balbutiements, il semble que l'on soit capable d'extraire de 15 à 20% du gaz naturel qui se déplace librement dans la structure géologique. Dans certains cas, cette proportion pourrait même atteindre 25%. Il s'agit d'un pourcentage remarquable quand on compare avec le pétrole où l'on dépasse rarement 40% de recouvrement après 150 années d'expérience. Cela rend l'exploitation des gaz de shale encore plus intéressante: un puits peut complètement «nettoyer» le sous-sol en gaz libre, laissant très peu de combustible pour une exploitation future, mais rentabilisant au maximum l'investissement initial.

Bien que ces résultats spectaculaires soient repris dans toutes les études sérieuses publiées sur ce sujet, il faut tout de même être prudent. Lorsqu'on pense à un gisement gazier ou pétrolier traditionnel, on peut imaginer un réservoir (poreux, bien sûr), aux dimensions relativement bien définies. Ce n'est pas le cas pour les shales. On parle plutôt d'immenses couches de roche-mère étanche qu'il faut briser. Dans ce contexte, le 20% ne s'applique, bien sûr, qu'à la région affectée par la fracturation autour du puits et non à tous les recoins de la formation géologique. Ce chiffre, que l'on répète à profusion, me semble un peu élevé lorsqu'on l'applique à l'ensemble du shale. Si le vrai chiffre approchait 10%, ce serait déjà, à mon avis, un pourcentage de recouvrement plus qu'honorable.

Questions sur l'exploitation de ces gisements

Certes, on sait que les grands shales nord-américains contiennent une quantité importante de méthane, mais de nombreuses questions subsistent quant à leur exploitation. L'industrie étant naissante, le jeu des investisseurs et des *start-ups* consiste à laisser planer le doute et à maintenir les informations cruciales aussi secrètes que possible afin de créer un climat tendu qui facilite, par le maintien d'un avantage comparatif avec la concurrence, la recherche de capital de risque. Pour l'observateur externe (ce qui veut dire, également, les joueurs dans l'industrie du gaz qui ne sont pas directement impliqués dans l'exploration et l'exploitation des gaz de shale), il est donc difficile de mettre la main sur des informations fiables et significatives. Ainsi, on peut trouver toutes sortes de données contradictoires sur la courbe de production des puits de gaz de shale qui laissent présager des rendements faramineux ou des pertes honteuses.

FIGURE 4.2

Production typique des puits de gaz de shale dans diverses structures géologiques

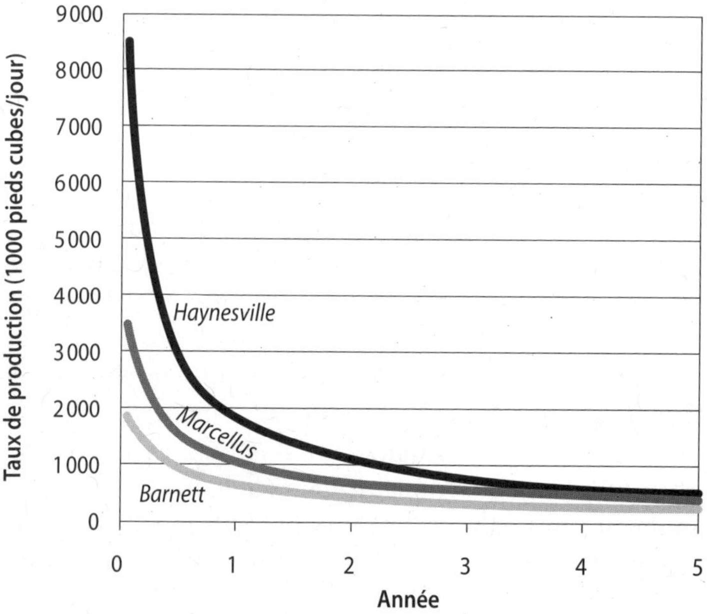

On voit que la production d'un puits de gaz de shale chute très rapidement, en quelques mois seulement.
Source: *The Future of Natural Gaz, an Interdisciplinary MIT Study*, MIT, 2010, figure 2.59, p. 12

Parmi toutes ces données, celles publiées par le groupe du Massachusetts Institute of Technology, un groupe indépendant, semblent relativement fiables. On voit dans la figure 4.2 que, pour les puits des trois premiers shales à être exploités, la production chute rapidement dans les premiers mois d'exploitation pour ne représenter, après deux ans, que 10 à 20% du pic de production. Ces données, toutefois, sont incomplètes puisqu'elles ne montrent pas les effets d'une deuxième ou d'une troisième fracturation, un procédé généralement utilisé par l'industrie, qui devrait permettre d'allonger la durée de vie de ces puits jusqu'à 10 ou 15 ans. Quoi qu'il en soit, il faudrait au moins 30000 puits âgés d'un an ou plus pour répondre à 50% de la demande du marché américain. Si chaque puits a un diamètre de 4 km, on devrait donc exploiter, à tout moment, une superficie de 375000 km^2, soit près de 25% du territoire québécois ou plus de la moitié de celui du Texas au grand complet! Pas de doute, la seule façon de maintenir un niveau de production de gaz de shale élevé est, pour l'industrie, de forer, jour et nuit, de nouveaux puits.

Effets sur l'industrie du gaz et les autres secteurs énergétiques

Malgré cette contrainte importante, les effets de l'exploitation des gaz de shale sont déjà visibles après quelques années de production seulement. Ainsi, l'exploitation à grande échelle de ce gaz, surtout au Texas et en Pennsylvanie, a permis de dépasser les sommets historiques de production aux États-Unis, en 2009, avec 593 Gm^3, alors même que les importations, en particulier du Canada, s'effondraient, pour atteindre un plancher inégalé depuis 15 ans en bonne partie en raison des difficultés de production des provinces de l'Ouest. Pour compenser partiellement cette diminution, la proportion de gaz naturel liquéfié est passée de 12 à 17% des importations nettes, une augmentation réelle lorsqu'on tient compte de la diminution des importations canadiennes, d'environ 29%[26]. Mais cette augmentation, calculée par rapport à 2008, une année où les niveaux d'importations étaient particulièrement faibles, cache une tendance lourde: la quantité de GNL importé en 2009 ne représentait que 60% des importations de 2007. De plus, les importations en provenance de certains pays, tel le Quatar, furent réduites à zéro. Cette baisse soudaine de la demande de GNL, alors que l'industrie prévoyait une montée rapide, surtout en provenance de l'Amérique du Nord, a eu des retombées mondiales, faisant chuter parfois le prix, sur le marché libre, à près de la moitié des prix du gaz acheminé par gazoduc, ce qui n'a bien sûr aucun sens, compte tenu du coût élevé de la manutention du GNL[27].

---

26. *Natural Gas Year-in-Review 2009*, U.S. Energy Information Administration, juillet 2010.
27. Ambrose Evens-Pritchard, «Energy crisis is postponed as new gas rescues the world», *Daily Telegraph*, 11 octobre 2009.

LA FRACTURATION HYDRAULIQUE

Le gaz de shale qui intéresse l'industrie est celui qui est piégé dans des fentes et des fractures qui s'étendent perpendiculairement à la structure feuilletée et horizontale des shales, formant des poches de gaz. Dans une telle structure, un forage vertical a très peu de chance de traverser une fracture naturelle, à moins que celle-ci ne soit très importante. Pour augmenter la probabilité de traverser une telle fracture, on se tourne donc vers le forage horizontal, qui peut s'étendre sur deux kilomètres à partir du puits vertical. Cette seule étape permet d'aller chercher un peu du gaz naturel, mais en quantité bien insuffisante pour rentabiliser le lourd investissement que représente ce type de forage. Il faut donc forcer la main à la nature. C'est là qu'entre en jeu la fracturation hydraulique.

FIGURE 4.3

Le processus de fracturation hydraulique

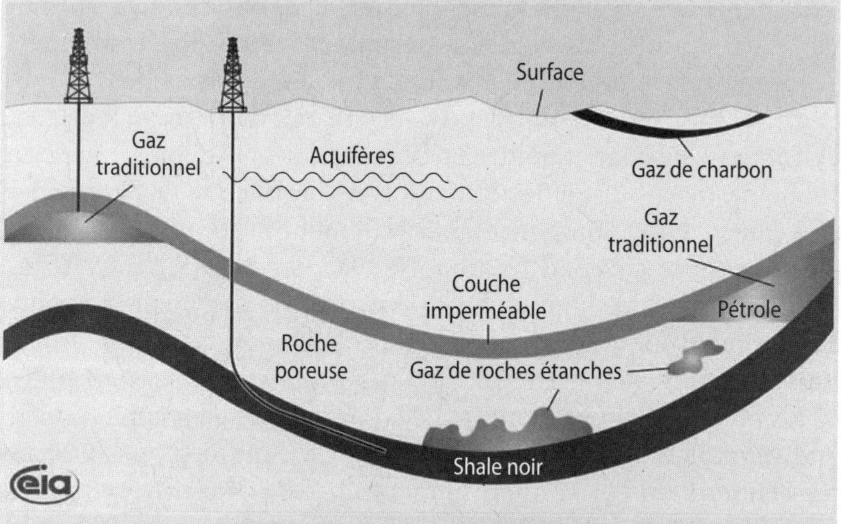

Source: US Energy Information Administration (notre traduction)

On injecte sous pression, par les tuyaux déjà en place, un mélange composé essentiellement d'eau, de sable et de quelques additifs dont nous reparlerons au chapitre suivant[28]. L'eau permet d'ouvrir et de propager les fractures déjà présentes, alors que le sable empêche qu'elles ne se referment, tout en laissant suffisamment d'espace entre les grains pour que le gaz puisse s'échapper.

28. On peut également utiliser des gaz comme le gaz carbonique ou l'azote, de même des billes de céramique, au lieu du sable. Mais l'eau et le sable, beaucoup moins chers, demeurent les matériaux les plus utilisés.

Pour que le procédé fonctionne efficacement, il est préférable que le gaz présent dans les schistes soit déjà sous forte pression; les fissures se propageront alors plus facilement et le gaz sortira rapidement. On préférera généralement des shales qui se fracturent aisément grâce à leur composition riche en silice, la base du verre. Une roche trop argileuse, par exemple, aura plutôt tendance à plier sous la pression, empêchant l'ouverture de fissures qui libèrent le gaz piégé.

Après quelques années, lorsque la production du puits s'étiole, il est possible de recommencer la procédure de fracturation, ce qui créera de nouvelles fissures et rouvrira des fractures effondrées sous la pression interne. Il est parfois nécessaire pour des shales particulièrement épais ou étanches de forer horizontalement à plusieurs profondeurs, car les fractures créées ne se progagent que sur des distances limitées, laissant encore beaucoup de gaz naturel en place dans la roche-mère.

Malgré cette description assurée, les détails de l'opération ne sont pas tous diffusés au grand public, et chaque société fait ses propres analyses afin de doser son mélange de produits chimiques et de l'appliquer selon une procédure particulière. L'industrie n'en étant qu'à ses premières armes, pour de nombreuses sociétés, ce secret permet d'attirer les investisseurs ou les gros acheteurs qui bénéficient alors de cette propriété intellectuelle (et des droits d'exploration ou d'exploitation pouvant être importants). Comme lors de toute ruée vers l'or, ce mélange de certitudes, d'inconnues et de promesses mousse le secteur et permet à certains de s'en sortir avec des fortunes. Pour la plupart d'entre nous, y compris des investisseurs et des gens près du milieu, il faudra attendre que les chercheurs indépendants y mettent leur nez ou que les données soient publiées dans le cadre de diverses obligations légales pour qu'on découvre vraiment de quoi il en retourne.

Selon un rapport du MIT, la production de gaz de shale en 2009 aurait atteint environ 125 Gm^3, soit plus que les importations en provenance du Canada[29]. Et ce ne serait qu'un début, car le Département américain de l'énergie prévoit que les gaz de shales représenteront plus de la moitié de la consommation de gaz américaine d'ici 2030[30].

Les États-Unis ne sont pas les seuls à se lancer dans l'exploitation de cette nouvelle ressource. Au Canada, la production a commencé dans l'ouest du pays et l'exploration s'est mise en branle dans plusieurs autres régions, dont le Québec, avec l'espoir de compenser

29. *The Future of Natural Gaz, an Interdisciplinary MIT Study*, MIT, 2010, p. 13.
30. Une prévision qui laisse sceptique si on revient aux calculs de la section précédente.

la baisse de production de gaz classique, voire de dégager assez de surplus pour exporter du gaz liquéfié en Asie. Dans le reste du monde, comme on le verra plus loin, l'exploration va bon train en Pologne, en France, mais aussi en Australie, en Inde et en Chine[31]. Pourtant, on connaît encore très mal les coûts environnementaux de cette exploitation. S'ils s'avèrent aussi importants que certains le prétendent, ils pourraient tuer dans l'œuf les rêves de l'industrie européenne et nord-américaine.

31. Ambrose Evens-Pritchard, *op. cit.*

Chapitre 5

LES BÉNÉFICES ET LES RISQUES ENVIRONNEMENTAUX

Pour une grande partie de la planète, le gaz naturel est perçu comme *la* source d'énergie propre pour la production d'électricité et de chauffage. À l'exclusion d'une poignée de nations disposant d'un accès important à des énergies non fossiles, comme la France où domine l'énergie nucléaire, le Québec et la Norvège, qui s'appuient sur d'immenses ressources hydroélectriques, les gouvernements de la planète ont bien peu d'options lorsque vient le temps de choisir une filière énergétique. Dans un contexte de réduction des émissions de gaz carbonique et d'autres polluants aériens, le gaz naturel représente donc une ressource préférable au charbon et au mazout pour la production d'électricité et même, pour la plupart des gouvernements et des investisseurs, aux sources alternatives d'énergie renouvelable ou à zéro émission, comme l'éolien et le solaire. Car, contrairement à celles-ci, la technologie des centrales thermiques est très bien maîtrisée et ne nécessite pas d'investissements massifs à l'entrée.

De manière globale, l'exploitation du gaz naturel est aussi avantageuse par rapport à celle du pétrole et, surtout, du charbon: les infrastructures associées à sa production, du moins dans le mode traditionnel, sont relativement légères et la nature gazeuse du combustible fait que les taux de recouvrement sont très élevés, permettant une exploitation optimale de chaque puits creusé. Ainsi, dans les gisements traditionnels, il n'est pas rare de pouvoir extraire jusqu'à 80% du gaz présent contrairement à moins de 40% pour le pétrole[32].

32. Dans les structures non traditionnelles, on l'a vu, on estime pouvoir extraire de 15 à 30% de l'hydrocarbure. Source: *The Future of Natural Gas, an Interdisciplinary Study* (rapport intérimaire), MIT, 2010, p. 6.

Malgré ces avantages, le gaz naturel est une source d'énergie non renouvelable et sa combustion contribue, elle aussi, au réchauffement climatique. Pire, sa non-combustion est encore plus nocive de ce côté: le méthane est un gaz à effet de serre dont l'impact est 25% fois plus grand que celui du CO_2. La moindre fuite de gaz naturel durant les étapes d'exploration, d'exploitation, de transformation ou de transport peut donc effacer les avantages climatiques du gaz naturel par rapport au charbon. Le qualificatif «propre», quand on parle de combustible fossile, doit donc être utilisé avec une petite gêne.

Qu'en est-il des gaz de shale? Sont-ils aussi «propres» que le gaz traditionnel? Le débat fait rage dans de nombreux États américains, soutenu par des citoyens qui découvrent que la description idyllique de l'exploitation de cette ressource avancée par les promoteurs présente des failles parfois considérables.

La face sombre des gaz de shale

Les risques environnementaux de l'exploration et de l'exploitation des gaz de shale sont bien réels. Ils ne devraient toutefois pas être exagérés. Plus de 20000 puits ont été forés dans les shales depuis 2000 créant une foule de problèmes locaux mais aucun désastre écologique majeur. Cela ne veut pas dire pour autant que les risques pour un tel événement sont nuls – comme le démontre l'accident en 2010 de la plateforme de forage en eau profonde *Deepwater Horizon,* dans le golfe du Mexique, un seul déversement est déjà trop –, ni que la somme des impacts, peut-être mineurs, de chaque puits est acceptable dans son ensemble. Il importe donc de bien comprendre ces risques et d'encadrer ou de limiter en conséquence le développement de cette ressource, particulièrement dans les régions qui n'ont pas l'expérience de la production pétrolière ou gazière à grande échelle, comme c'est le cas de l'État de New York et du Québec, en Amérique du Nord, ou de la Pologne et de la France, en Europe.

On peut diviser les risques environnementaux en trois grandes catégories:

1. les dérangements pour la population et l'environnement associés à l'activité industrielle elle-même: forage, fracturation, passage de camions-citernes et exploitation d'un combustible gazeux en général;
2. les risques associés à l'eau, allant de la contamination des eaux souterraines au traitement des eaux usées;
3. la contribution aux changements climatiques de ces gaz.

Examinons ces trois aspects en détail.

L'activité industrielle

Toute activité industrielle comporte des risques environnementaux: circulation routière accrue, compaction des sols, dérangements de la population locale. Dans le cas de ces gaz non classiques, la grande différence pour les sociétés d'extraction, c'est que plusieurs des structures géologiques riches en gaz se retrouvent dans des régions densément peuplées. Or, l'exploitation des shales exige des opérations étalées sur toute la surface, ce qui multiplie les risques d'accidents associés, entre autres, à la manipulation du gaz, un combustible explosif, comme le démontre, par exemple, la multiplication des incidents observés en Pennsylvanie.

La rapidité avec laquelle l'industrie des gaz de shale s'est développée dans les régions peuplées au-dessus de la structure de Marcellus nous permet déjà d'affirmer que ces risques ne relèvent pas seulement de l'imagination des opposants au développement de cette ressource. Ainsi, à l'été 2010, à quelques semaines d'intervalle, trois accidents majeurs se sont produits dans cet État[33]. Un premier puits, ne disposant pas d'un système de contrôle de la pression adéquat, explosa dans le nord de la Pennsylvanie en juillet 2010. Personne ne fut touché. Les opérateurs d'une foreuse en Virginie Occidentale ne furent pas aussi chanceux lorsque, quelques jours plus tard, celle-ci explosa en frappant une bulle de gaz, blessant sept personnes. Deux autres travailleurs furent tués dans un troisième

33. Joe Mandak, «2 killed in gas well explosion in western Pa», *The Times Leader*, Wilkes-Barre, PA, 10 août 2010.

incident au nord de Pittsburgh, alors qu'un puits explosa dans des circonstances qui ne sont pas encore complètement élucidées.

Ce type d'accidents, malheureusement, se produit partout où l'on exploite le pétrole et le gaz naturel, pas seulement sur les puits de gaz de shale. Mais, outre qu'ils deviennent beaucoup plus visibles lorsqu'ils se produisent dans des régions densément peuplées, on ne peut exclure la possibilité que des citoyens soient touchés directement par ceux-ci, soulignant l'importance d'une supervision étroite de l'industrie par les agences chargées de faire respecter les diverses réglementations.

Les risques pour l'eau

La question de l'eau est au cœur des préoccupations environnementales reliées à l'exploitation des gaz de shale. Ces préoccupations peuvent être divisées en trois grandes catégories : 1) les risques de contamination des eaux souterraines et des nappes phréatiques par les liquides de fracturation et les liquides de reflux ; 2) les risques de contamination des eaux de surface, par des déversements durant les opérations ; 3) l'usage excessif des réserves d'eau locales.

L'utilisation de l'eau

La fracturation hydraulique et le forage requièrent une quantité appréciable d'eau. Bien que celle-ci varie selon le type de roches, la longueur des puits et d'autres spécificités, on parle généralement, en se basant sur l'expérience américaine, de 10 à 20 millions de litres d'eau par puits. Voilà un chiffre énorme qu'il faut mettre en perspective. Il représente entre 500 et 1000 livraisons de camions-citernes de 20000 litres, ce qui signifie une livraison toutes les 30 minutes durant 11 à 21 jours, le temps qu'il faut, *grosso modo*, pour forer et fracturer un puits qui produira pendant plusieurs années, sans apport additionnel d'eau. Or, selon le groupe environnementaliste Audubon International, un terrain de golf américain utilise en moyenne 1,2 million de litres d'eau par jour pour son entretien. Les 811 terrains de golf de la Pennsylvanie ont donc consommé autant d'eau en un mois que toute l'industrie du gaz de shale dans cet État en deux ans et demi. Cette eau, de plus, est tirée exclusivement, pour des territoires bien pourvus en eau de surface, comme la Pennsylvanie et le Québec, de rivières, de lacs ou de ruisseaux; l'impact des prélèvements de cette industrie sur les réserves d'eau souterraine est donc négligeable. Bien qu'on ne puisse pas complètement ignorer la question des ressources d'eau de surface nécessaire à l'industrie, celles-ci n'ont rien de comparable au secteur des golfs, par exemple, et encore moins à celui des sables bitumineux.

La chimie des shales

C'est plutôt du côté de ce qui s'ajoute à l'eau que les risques se posent. Pour bien comprendre ceux-ci, il faut d'abord s'arrêter à la composition chimique des shales qu'on exploite. L'argile, qui forme l'essentiel des shales, est un matériau lamellaire assemblé de feuillets monoatomiques de silicates et de divers autres minéraux. La chimie de cette structure rend ces matériaux très susceptibles de piéger les métaux lourds et les éléments toxiques entre ces feuillets. Cette propriété d'absorption est bien connue et on utilise les argiles pour décontaminer des eaux polluées[34]. Si la composition de ces roches varie considérablement d'un site à l'autre, certaines formations étudiées suggèrent que les risques de contamination sont bien réels, mais pas systématiques. Ainsi, alors que le shale noir d'Okchon dans la péninsule coréenne présente des concentrations importantes d'arsenic, de sélénium, de molybdène, de zinc et de cadmium[35], l'étude des forages dans le shale d'Uttica indiquent ce que dernier contiendrait très peu de ces métaux lourds[36]. En général, bien sûr, la présence de ces éléments toxiques dans les shales, enfouis à plusieurs kilomètres sous la surface, n'a pas d'impact environnemental. L'eau ou les autres solvants insérés sous pression dans les shales pourraient toutefois rapporter certains de ces contaminants en ressortant.

34. S.E. Bailey, T.J. Olin, R.M. Bricka et D.D. Adrian, «A review of potentially low-cost sorbents for heavy metals», *Water Research*, 1999, vol. 33, numéro 11, p. 2469.
35. H.-T. Chon, C.-H. Cho, K.-W. Kim et H.-S. Moon, «The occurrence and dispersion of potentially toxic elements in areas covered with black shales and slates in Korea», *Applied Geochemistry*, 1996, vol. 11, numéro 1-2, p. 69-76.
36. Merci à Jean-François Cliche de m'avoir fourni cette information.

La contamination des eaux souterraines

On ajoute généralement des additifs chimiques au mélange de fracturation afin de faciliter la propagation de l'eau et l'insertion du sable dans les fissures générées. Si certains de ces produits peuvent susciter des inquiétudes, ce n'est pas, et de loin, la principale source de contamination (voir l'encadré *Qu'y a-t-il dans la soupe?*).

En effet, durant son passage dans le shale, l'eau utilisée pour la fracturation se charge de divers sels et d'autres contaminants dont la composition n'est pas toujours connue. Selon un rapport de l'Office national de l'énergie du Canada, l'eau de reflux ne peut être réutilisée pour la fracturation de nouveaux puits, car les sels qu'elle ramène peuvent corroder l'équipement et les conduits. On doit donc l'éliminer d'une façon ou d'une autre. La quantité d'eau dont il faut se débarrasser peut parfois dépasser, et de loin, celle qu'on injecte, car certains shales sont eux-mêmes gorgés d'une eau saline, potentiellement toxique, qui se trouve expulsée avec le gaz extrait. Selon les formations, la quantité d'eau qui ressort d'un puits varie entre zéro et plusieurs centaines de barils par jour[37]. Il va sans dire que ces eaux ne peuvent être déversées dans la nature avant d'avoir été convenablement traitées, un processus coûteux et impossible à réaliser avec des infrastructures de traitement des eaux usées municipales. On préfère donc, généralement, l'injecter dans des nappes phréatiques profondes et salines, loin sous les couches d'eau potable utilisées pour la consommation ou l'agriculture[38].

Une des grandes préoccupations environnementales est que ces eaux toxiques contaminent les réserves souterraines d'eau potable. Les shales se situent généralement à des profondeurs allant de 1000 à 3000 m, c'est-à-dire à plusieurs centaines de mètres sous les nappes phréatiques (voir le tableau 5.1). Comme les shales sont, par définition, imperméables, on ne s'attend pas à ce que l'eau de fracturation remonte massivement vers les couches phréatiques. Toutefois, bien que fort improbable, l'existence de

---

37. *L'ABC du gaz de schistes au Canada*, *op. cit.*, p. 11.
38. *Idem.*

fissures permettant à l'eau de s'échapper à travers des roches poreuses sus-jacentes n'est pas strictement impossible[39].

TABLEAU 5.1

Profondeur des formations de shale et des eaux souterraines

Gisement	Profondeur du shale (m)	Profondeur des eaux souterraines (m)
Barnett	2000-2500	360
Marcellus	1200-2500	250
Haynesville	3200-4000	120
Utica	500-3500	100

Sources: *The Future of Natural Gas, an Interdisciplinary Study*, MIT, 2010 et *L'ABC du gaz de schistes au Canada*, Office national de l'énergie, nov. 2009

Les risques les plus importants sont ceux associés à la création de fissures dans les parois des puits ou le dérangement de poches de méthane pouvant contaminer les eaux souterraines durant les opérations de forage. Bien que ces risques soient faibles, plusieurs incidents suggèrent qu'on ne peut pas les ignorer, contrairement à ce que laisse entendre l'industrie. Selon les rapports d'infractions commises en Pennsylvanie et compilées par la Pennsylvania Land Trust Association, près de 1% des puits forés dans cet État depuis janvier 2008 présentaient des défauts dans le blindage des puits. Un chiffre non négligeable surtout lorsque ces forages se font dans des régions densément peuplées.

Les déversements à la surface

Selon le même rapport de la Pennsylvania Land Trust Association, la grande majorité (plus de 800) des 952 infractions commises par les gazières (et observées par un inspecteur) sur une période de 18 mois à partir de janvier 2008 concernaient des déversements ou une mauvaise gestion des eaux contaminées. Cela veut dire, dans 268 cas, une mauvaise construction des sites de captation des eaux contaminées. Or, on l'a vu plus haut, ces eaux peuvent contenir

39. Ce qui ne signifie pas que l'ampleur du risque soit suffisante pour interdire les opérations de fracturation hydraulique. Une étude détaillée des 20000 puits déjà creusés devrait suffire pour déterminer la probabilité d'un tel événement.

une proportion importante de sels, ce qui les rend fortement corrosives. Il est donc essentiel que les bassins de rétention soient parfaitement étanches. Dans 16 cas, on a aussi détecté des problèmes de fonctionnement de l'obturateur antiéruption (*blowout preventer*)[40]. En juin 2010, un problème avec cet équipement causa une éruption et le déversement de millions de litres d'eau contaminée avant que la fuite ne soit colmatée, 16 heures plus tard.

Pour le moment, nous disposons de très peu d'information solide sur la nature de ces eaux contaminées. Pour que l'on puisse évaluer correctement les risques, il faudrait que les gazières rendent publiques non seulement la liste des produits chimiques utilisés pour la fracturation, mais aussi et surtout la composition des eaux de reflux. Cela permettait aux diverses autorités, aux spécialistes ainsi qu'à la population de mieux évaluer les défis que peut poser la gestion de ces eaux contaminées.

La contribution aux changements climatiques

Si la combustion du méthane est nettement préférable à celle du charbon et du pétrole du point de vue de la production de gaz à effet de serre (GES), plusieurs facteurs suggèrent que le bilan environnemental complet des gaz de shale pourrait s'approcher de celui du charbon, ce qui diminuerait certainement son intérêt dans la lutte contre les changements climatiques. Selon le Département américain de l'énergie, la combustion du gaz naturel produit, en moyenne, 50 kg de CO_2 par GJ, comparé à 68 pour l'essence, 69 pour le diesel et 89 kg de CO_2 par GJ pour le charbon[41]. Cette comparaison est toutefois incomplète, car elle n'inclut pas les gaz à effet de serre produits durant les phases d'exploration et d'exploitation, de même que pour le transport de ces combustibles jusqu'à leur point d'utilisation.

40. Charles Côté, « Gaz de schiste : 1 435 infractions en Pennsylvanie », *Cyberpresse*, 26 août 2010. http://www.cyberpresse.ca/environnement/201008/26/01-4309878-gaz-de-schiste-1435-infractions-en-pennsylvanie.php
41. http://www.eia.doe.gov/oiaf/1605/coefficients.html

LE CAS DE DIMOCK, PA

Le canton de Dimock, dans le nord-est de la Pennsylvanie, et sous lequel passe le shale de Marcellus, est devenu le symbole des dangers que représente l'exploitation des gaz de shale et, plus particulièrement, la technique de fracturation hydraulique. En novembre 2009, un groupe de résidents de Dimock ont déposé une poursuite contre la gazière Cabot Oil & Gas, alléguant que les opérations de cette dernière étaient responsables de la contamination par le méthane de leur eau, une contamination confirmée par le Département de la protection environnementale de la Pennsylvanie (DPEP)[42]. Bien que Cabot se défende de cette attaque en s'appuyant sur diverses études qui montrent que le processus de fracturation hydraulique, qui s'effectue généralement à plusieurs centaines de mètres sous la nappe phréatique, pose peu de risques pour les sources d'eau potable, la compagnie fut obligée par le DPEP de fournir de l'eau potable aux résidents inquiets de voir leur eau prendre feu à l'approche d'une flamme. Selon le DPEP, un défaut dans le blindage du puits serait à l'origine de la contamination de la nappe phréatique dans laquelle puisaient ces résidents. Cabot serait donc responsable de cette pollution. Or, si cette compagnie a été reconnue coupable de 94 infractions sur ses 60 puits entre le début de 2008 et la mi-2010, elle est loin d'être la pire société en activité en Pennsylvanie. Cela ne fait pas d'elle un modèle, tout de même. En termes d'infractions par puits, elle se classe au sixième rang, avec un nombre d'incidents par puits au moins 10 fois plus élevé que les meilleurs élèves[43].

Le cas de Dimock a soulevé assez d'inquiétudes pour forcer l'Agence de protection environnementale américaine (EPA) à étudier plus en profondeur l'impact possible de la fracturation hydraulique sur l'eau potable, la santé des citoyens et l'environnement en général. Cette étude, qui devrait commencer en 2011 et être présentée à la fin de 2012, est justifiée par l'échelle sur laquelle cette technique est utilisée et la proximité des sites de centres densément peuplés.

Entre-temps, bien sûr, les forages se poursuivent en Pennsylvanie à un rythme effréné qui n'est ralenti que par les bas prix du gaz naturel sur les marchés, une situation qui ne devrait pas durer, toutefois, avec la reprise économique attendue sous peu.

Dans un rapport préliminaire, publié au printemps 2010, le professeur d'écologie et de biologie environnementale de l'Université de Cornell, Robert W. Howarth, souligne que, même si des chiffres précis ne sont pas disponibles, on peut estimer que les émissions

42. S. Shoye et S. Hargreaves, «Fracking' yields fuel, fear in Northeast», CNN, 3 septembre 2010. http://www.cnn.com/2010/US/09/02/fracking/?hpt=C1
43. *Marcellus Shale Drillers in Pennsylvania Amass 1435 Violations in 2.5 Years*, rapport de la Pennsylvania Land Trust Association, 2 août 2010.

de GES découlant de ces opérations sont beaucoup plus importantes pour les gaz de shale que pour le pétrole et le charbon. Toujours selon le professeur Howart, ces émissions peuvent atteindre 16 kg de CO_2 par GJ, comparé à environ seulement 5,5 pour la production, la transformation et le transport des produits pétroliers et du charbon (ces opérations, pour les gaz de shale, produiraient donc 10,5 kg de plus que le charbon)[44].

Deux autres facteurs doivent être pris en compte dans l'évaluation des impacts des gaz de shale sur le réchauffement climatique : les fuites de méthane durant les différentes étapes d'extraction, de transformation et de transport, et les émissions du CO_2 contenu dans le gaz extrait des shales. Le méthane est un gaz à effet de serre très puissant et son impact sur le réchauffement climatique est jusqu'à 25 fois plus important que celui du CO_2 quand on calcule son impact sur une base de 100 ans[45]. Si on suit Howarth et qu'on pose une perte totale de 1,5% du volume de gaz naturel extrait à la source, en accord avec les estimations du Département américain de l'énergie, l'impact GES total des gaz de shale serait augmenté de près de 37,5% pour atteindre : $50 + 10 + 0{,}375 \times 66 = 84{,}7$ kg de CO_2 par GJ, soit presque autant que le charbon et bien plus que l'essence ou le diesel.

De plus, ces calculs ne tiennent pas compte du CO_2 présent dans les gaz de shale. En effet, certains shales noirs contiennent une fraction importante de gaz carbonique mélangé au méthane. Son relâchement dans l'atmosphère doit donc être ajouté au bilan carbone des gaz de shale, diminuant d'autant leur avantage environnemental par rapport aux autres combustibles fossiles. À moyen terme, la question du CO_2 est d'ailleurs inquiétante. Si la concentration de CO_2 est faible dans le shale d'Utica, ce n'est pas le cas des shales de Horn River, par exemple, dont la proportion de gaz carbonique atteint 12%[46]. À moins de capter ces GES, la production

44. Robert W. Howarth, *Preliminary Assessment of the Greenhouse Gas Emissions from Natural Gas Obtained by Hydraulic Fracturing*, Cornell University, rapport préliminaire, 17 mars 2010.
45. Sur une base de 20 ans, le méthane serait 72 fois plus puissant que le CO_2.
46. *L'ABC du gaz de schistes au Canada*, *op. cit.* p. 13.

de gaz naturel de cette région, qui est celle qui se développe le plus rapidement au Canada, pourrait alors contribuer de manière significative au bilan GES canadien. Or, les mesures de captation coûtent cher et s'ajoutent à la prime technologique d'exploitation de ces gisements non traditionnels mettant, encore une fois, en péril le gain environnemental du gaz naturel.

Si le bilan GES net des gaz de shale apparaît peu reluisant à la lecture de cette section, il est important de reconnaître que les autres sources d'énergie souffrent de problèmes similaires. Ainsi, le charbon contient lui même du gaz naturel, le grisou, qui s'échappe durant l'exploitation et la transformation de cet hydrocarbure. Seule une comparaison exhaustive basée sur des données précises effectuées à toutes les étapes de la production, de la transformation et du transport des hydrocarbures fossiles permettrait d'établir une comparaison fiable. Malgré le Protocole de Kyoto et la multiplication des mesures visant à diminuer la production de gaz à effet de serre, ces données ne sont pas disponibles et les choix que l'on fait à l'heure actuelle sont basés, au mieux, sur une information partielle couplée à des estimations grossières.

Attendre ou exploiter dès à présent?

On le voit, l'exploitation des gaz de shale par fracturation hydraulique soulève de nombreuses questions environnementales. Même si les règles étaient suivies à la lettre et qu'on exécutait tous les travaux selon les normes, il faudrait procéder avec prudence. L'ampleur des investissements, la vitesse avec laquelle on développe les ressources et une supervision parfois insuffisante de la part des autorités ajoutent un niveau de risque dont il faut également se préoccuper. Car, il est souvent très coûteux, et parfois même impossible, de réparer les dégâts.

Cela ne veut pas dire que l'on doive interdire cette industrie. Il faut plutôt, dans un premier temps, évaluer correctement les risques ainsi que les coûts associés à leur prévention, qui varient d'un shale à l'autre, en fonction, entre autres, de la géologie du shale et des couches supérieures, de l'occupation des territoires et de la nature des ressources en eau, pour s'assurer qu'il est possible d'exploiter ces hydrocarbures sans danger pour l'environnement. Dans un deuxième temps, on doit comparer ces gaz non classiques à d'autres types d'énergie – pétrole, charbon, énergies renouvelables – qui seraient appelés à prendre la place du gaz naturel si on n'allait pas de l'avant avec la production des gaz de shale.

Ces enjeux ne sont certainement pas très clairs puisque de nombreux comités et agences se penchent sur la question. Malgré la multiplication des instances, le rapport, prévu pour la fin de 2012, de l'étude sur les risques posés par la fracturation hydraulique lancée par l'Environmental Proctection Agency des États-Unis et dotée d'un budget de plusieurs dizaines de millions de dollars est certainement le plus attendu. Avec plus de 20000 puits déjà creusés, il était temps!

QU'Y A-T-IL DANS LA SOUPE?

Beaucoup de questions ont été soulevées par les groupes environnementalistes et les opposants à l'exploitation des gaz de shale quant à la toxicité des produits chimiques utilisés pour la fracturation. En examinant la liste de ces produits, le véritable danger, me semble-t-il, provient des composés contenus dans les shales et qui ressortent avec l'eau de reflux et le méthane. Bien que les forages préliminaires fournissent une indication de la toxicité de ces eaux, il serait certainement plus rassurant pour les populations locales de disposer de l'analyse complète de celles-ci.

Ça ne nous empêche pas, toutefois, de nous préoccuper de ce qu'on injecte dans le sous-sol, surtout qu'un déversement de ces produits sous forme concentrée est toujours possible lors de la préparation du mélange, avant l'injection.

Voici la liste des ingrédients fournie, en septembre 2010, par la société canadienne Questerre. Les quatre premières colonnes sont tirées presque verbatim du site de Questerre. Les commentaires sont les miens. On le verra, bien que certains de ces produits soient toxiques, ils sont utilisés régulièrement dans divers secteurs industriels et, en général à beaucoup plus forte dose, dans de nombreux produits d'utilisation quotidienne. Cela ne veut pas dire, bien sûr, que le mélange envoyé dans le sous-sol soit bon à boire, mais il ne faut pas se compter d'histoires, si c'est bon pour nos égouts et nos fosses septiques, il est difficile de paniquer lorsqu'on envoie le produit 1 à 2 km sous terre. Rappelez-vous toutefois que je ne suis que physicien et que j'ai beaucoup de mal à prononcer les noms de produits chimiques de plus de trois syllabes…

TABLEAU 5.2

Produits chimiques utilisés pour la fracturation

Concentration typique	Type d'additif	Composé principal	But	Commentaires (NM)
96,26%	Eau	Eau	Utilisée pour accroître la fracturation et introduire un agent de soulèvement.	Au Québec, l'eau utilisée pour la fracturation hydraulique provient des cours d'eau et n'est pas extraite des nappes phréatiques.
0,62%	Agent de soutènement	Sable de silice flexible	Maintient les fracturations ouvertes pour permettre au gaz de s'échapper.	Cet ingrédient ne pose visiblement pas de problème.
0,048%	Réducteur de friction	Polyacrylamide	Ajouté aux fluides de fracturation	Bien que la molécule non polymérisée, l'acrylamide, soit neurotoxique, le polymère lui-même est sécuritaire et est couramment utilisé dans les processus de traitement des eaux usées.
0,038%	Surfactant gélifiant	Isopropanol Triméthyloctadécylammonium Xylène Sulfanate de sodium	Utilisé pour réduire la tension de surface des fluides de fracturation afin d'améliorer la récupération du liquide du puits après la fracturation.	L'isopropanol est un solvant utilisé, par exemple, pour nettoyer des dispositifs électroniques. Le sulfanate de sodium est utilisé dans de nombreux procédés industriels.
0,016%	Brisant	Hypochlorite de sodium	Brise le gélifiant afin de permettre à l'eau et au sable de s'écouler plus facilement des fractures.	De l'eau de Javel à une concentration 500 fois inférieure à celle utilisée pour la lessive.

Concentration typique	Type d'additif	Composé principal	But	Commentaires (NM)
0,012%	Gélifiant d'eau	Gomme de guar, huile de base à faible toxicité	Rend l'eau plus visqueuse et apte à maintenir le sable en suspension.	La gomme de guar se retrouve de nos jours dans toutes les crèmes laitières vendues en magasin. Malheureusement pour le goût, mais sans réel danger, semble-t-il.
0,005%	Contrôle de l'argile	Amine quaternaire	Évite le gonflement et la migration de l'argile.	Désinfectants, produits assouplissants et agents par la migration de l'argile.
0,002%	Contrôle du fer	Monohydrate de nitrilo-triacétate	Prévient la précipitation des oxydes métalliques.	Encore un produit qu'on ne devrait pas avaler, mais qu'on retrouve dans les détergents verts pour remplacer les phosphates.
0,001%	Démulsion-neur	Isopropanol	Utilisé pour enrayer les émulsions.	Voir ci-haut
0,0004%	Inhibiteur de corrosion	Méthanol	Prévient la précipitation du carbonate et du tartre de soufre dans les systèmes de fracturation.	Le méthanol ou alcool méthylique ne devrait pas être bu, on le sait. Mais, autrement, il est utilisé pour de nombreuses applications domestiques et industrielles.
0,00002%	Antimousse	Phosphate de tributyle	Réduit la viscosité.	Utilisé comme agent mouillant dans l'industrie textile et du papier.
0,05%	Agent	Acide chlorhydrique (utilisé par d'autres entreprises)	Inhibe la croissance de bactéries dans l'eau.	Acide fort qui constitue le composé principal des acides gastriques. Fréquemment utilisé par toutes sortes d'industries.

PARTIE III

L'exploitation des gaz de shale à travers le monde

Chapitre 6

LES ÉTATS-UNIS

Bien que de nombreux shales à travers la planète soient actuellement en phase d'exploration, l'essentiel de la production de gaz se fait aux États-Unis. Pays où est née la révolution des gaz de shale, les États-Unis dominent aussi complètement la technologie de production, et les compagnies étatsuniennes sont présentes partout sur la planète où l'on s'intéresse à cette ressource. Après tout, si on connaît de manière grossière les procédés d'extraction du gaz naturel, les détails qui font la différence dans la production par fracturation hydraulique s'appuient sur un réel savoir-faire qui tranche entre une simple exploration et une exploitation rentable.

Malgré les faibles coûts du gaz naturel et la crainte de saturation du marché nord-américain, le forage de nouveaux puits se poursuit dans les shales les plus prometteurs du continent grâce aux investissements massifs des gazières et, de plus plus, des grandes pétrolières de la planète: dans le shale de Barnett, au Texas, celui de Marcellus, en Pennsylvanie, et dans plusieurs autres structures géologiques en Louisiane, au Michigan et ailleurs aux États-Unis (voir la figure 6.1).

Le Texas

Les réserves classiques de gaz naturel devenant de plus en plus difficiles à exploiter en Amérique du Nord ont poussé le Canada et les États-Unis à se tourner, dans un premier temps, vers les gaz liquéfiés en provenance d'Algérie, du Qatar ou de Russie. Cependant, les sociétés gazières texanes ont refusé de jeter l'éponge et de céder la place au gaz importé. À force d'essais et d'erreurs, elles ont mis au point, on l'a vu plus haut, des techniques de forage capables d'extraire le gaz naturel des shales qui s'étendent dans le «sous-sol» de l'Amérique du Nord. Si ces avancées furent longtemps regardées de haut par l'industrie du gaz classique, la montée du prix du gaz naturel, au milieu des années 2000, a forcé celle-ci à changer d'avis. En quelques années, la nouvelle technologie texane, testée pour la première fois dans le shale de Barnett au centre du Texas, a changé non seulement le visage de l'industrie gazière dans cet État, mais aussi les rapports de force entre producteurs et consommateurs sur toute la planète.

FIGURE 6.1

Emplacement des principales ressources de gaz de shale aux États-Unis

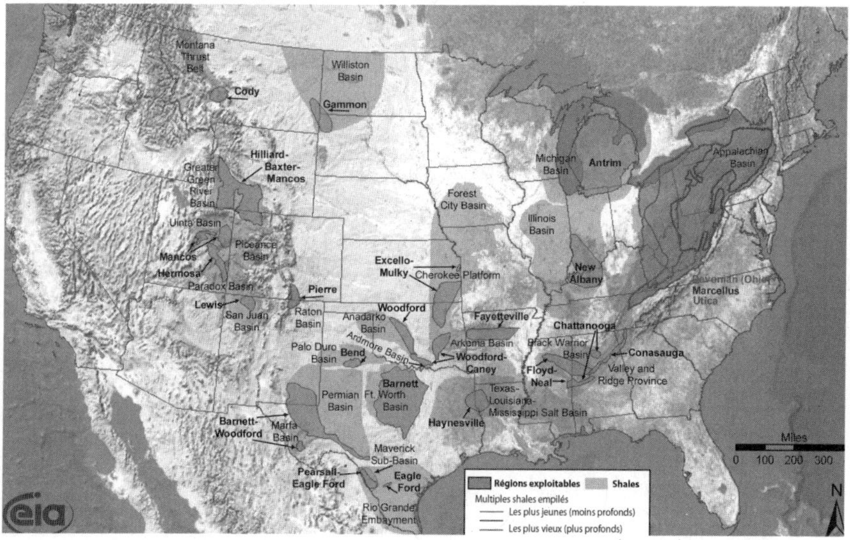

Source : US Energy Information Administration (notre traduction)

Aujourd'hui, le shale de Barnett demeure le premier gisement au monde en termes de production de gaz non traditionnel. Ce gisement est situé sous la surface d'une quinzaine de comtés du nord du Texas et représente une superficie relativement faible d'environ 15 000 km carrés, presque 20 fois moins que le shale de Marcellus, par exemple. Plus riche en matière organique que ce dernier, toutefois, on estime qu'il pourrait fournir jusqu'à 1 200 Gm^3 de gaz, soit le sixième des ressources de Marcellus et suffisamment pour répondre aux besoins des États-Unis durant deux ans. Cette richesse explique, en partie, le développement accéléré de ce gisement. Au début de 2009, déjà, le shale de Barnett produisait

6% de tout le gaz naturel extrait dans les 48 États contigus[47]. Il est devenu une véritable passoire: plus de 10000 puits ont déjà été forés sans attirer une fraction des contestations observées en Pennsylvanie, dans l'État de New York et au Québec; les Texans sont habitués à vivre au milieu des derricks et les paiements versés pour les droits d'exploration sont considérables, 28000$ l'hectare, en moyenne, en plus des redevances de 10 à 25%. Pas surprenant qu'avec une telle activité les sociétés d'exploration texanes dominent le marché intérieur, mais aussi mondial!

La Pennsylvanie

Après le Texas, la Pennsylvanie est la deuxième juridiction au monde en termes de production de gaz de shale. Ce n'est que justice puisque cet État a inauguré l'âge du pétrole, en 1859, avec le forage, par Edwin Drake, dans le nord-est de la Pennsylvanie, d'un des premiers puits dédiés à la production de pétrole au monde. Cent cinquante ans plus tard, la production de pétrole et de gaz classique dans cette région du monde est presque terminée et les 16000 puits de pétrole toujours en activité ne produisent que 4000 barils par jour, soit environ 200 000 tep par année ou 0,15% de la production canadienne.

La prospection et l'exploitation effectuées ont permis d'en apprendre beaucoup, au fil du temps, sur le shale de Marcellus. Lorsque la fracturation hydraulique a fait son apparition, il ne restait plus aux producteurs pennsylvaniens qu'à apprendre à utiliser cette technique. Ce qu'ils ont fait entre 2003 et 2005 avec le forage des premiers puits horizontaux. Ce n'est que trois ans plus tard, toutefois, avec la confirmation de la rentabilité de la technique de fracturation hydraulique que les compagnies de forage se sont installées en nombre dans cet État. Elles le firent avec un appétit peu commun et les droits d'exploration explosèrent durant les premiers mois de 2008, passant de 160$US l'hectare en janvier

47. *Modern Shale Gas Development in the United States: A Primer*, rapport préparé par le Ground Water Protection Council et ALL Consulting pour le US Department of Energy, avril 2009, p. 8.

à plus de 30000 $US en mai, un prix qui s'est maintenu en bonne partie malgré la chute des cours du gaz depuis juin 2008[48].

L'activité de forage en Pennsylvanie continue de croître à un rythme remarquable. Entre janvier 2008 et décembre 2009, près de 1 000 puits ont été forés dans le shale de Marcellus en Pennsylvanie, et encore 364 durant les quatre premiers mois de 2010[49]. Une telle activité dans un secteur énergétique en émergence, dont on ignore les risques et pour lequel la législation demeure incomplète, ne peut manquer de mener à des incidents et des accidents à la chaîne : déversements d'eau fortement contaminée, explosions, déstabilisation des sols, non-respect des règles de circulation, etc. Ce qui se passe en Pennsylvanie, on l'a vu au chapitre précédent, n'est certainement pas de nature à rassurer les populations ailleurs dans le monde, qui occupent des territoires surplombant des shales noirs. Par contre, il s'agit presque d'un laboratoire grandeur nature pour quiconque s'intéresse aux divers aspects du développement de cette industrie.

Le moratoire de l'État de New York

Constatant les problèmes reliés à l'exploitation des gaz de shale en Pennsylvanie et sous la pression des citoyens, l'État de New York, qui jouxte celle-ci, a choisi de ne pas suivre la voie du développement incontrôlé. Ses élus ont plutôt décidé d'imposer un moratoire et de se donner le temps d'étudier en détail les risques de l'exploitation des shales, particulièrement en ce qui a trait à son impact environnemental sur les eaux de surface. Voté en août 2010, ce moratoire interdit l'émission de nouveaux permis de forage jusqu'en mai 2011. L'opinion publique étant massivement favorable, le moratoire a été adopté par une nette majorité de 49 contre 9 au Sénat de l'État. Pour les sénateurs, il ne s'agissait pas d'interdire l'exploitation de cette ressource qui pourrait s'avérer fort lucrative, mais de profiter de l'expérience déjà en cours dans plusieurs autres États pour éviter

48. Contrairement au Canada, aux États-Unis, les propriétaires fonciers sont également propriétaires des ressources minérales sous leur propriété.
49. « Background on the Marcellus Shale Gas Leases », *The Times Leader*, Wilkes-Barre, PA, 8 septembre 2010.

les problèmes observés dans l'État voisin. C'est particulièrement important pour la Ville de New York qui tient à protéger la qualité des 4,9 milliards de litres d'eau de surface qui arrivent sans aucun traitement, tous les jours, dans la métropole, grâce aux nombreux aqueducs, réservoirs et tunnels qui acheminent l'eau puisée à des distances considérables.

Ailleurs

De nombreux autres shales gazifères sont exploités aux États-Unis. Les plus importants sont le shale de Haynesville, dans le nord de la Louisiane, ainsi que le shale de Fayetteville, qui recouvre le nord de l'Arkansas et tout l'est de l'Oklahoma. Les débats qui se poursuivent à grands coups de matraquage médiatique en Pennsylvanie et dans l'État de New York peuvent faire croire à un ralentissement significatif de l'industrie des gaz de shale aux États-Unis, surtout pour les observateurs étrangers. La vérité est tout autre. Le Texas ainsi que plusieurs autres États poursuivent l'exploitation de cette ressource avec des investissements considérables. L'acceptabilité de cette activité dans ces régions, rompues depuis longtemps aux pratiques de l'industrie pétrolière, est souvent beaucoup plus grande que dans le nord-est, pour des raisons d'habitude, probablement, mais aussi, surtout dans le cas de certains États pris à la gorge par des déficits budgétaires importants, pour des raisons économiques. Seuls des problèmes techniques augmentant les coûts ou réduisant la production pourront avoir un impact significatif sur le rythme d'expansion de cette industrie dans ces États au cours des prochaines années.

Les enjeux diplomatiques

Au-delà de la production locale de gaz de shale, les États-Unis, comme première superpuissance mondiale, voient d'un très bon œil la possibilité pour le reste du monde d'exploiter cette ressource hydrocarbure, beaucoup mieux distribuée que le gaz naturel traditionnel. Cela diminuerait, à la fois, les risques de conflits, l'appétit de la Chine pour le gaz et le pétrole situés dans l'arrière-cour américaine et l'influence des grands producteurs sur l'échiquier mondial.

L'existence de réserves importantes et locales de gaz non traditionnel permettrait, par exemple, aux pays européens de s'affranchir de leur dépendance au gaz naturel russe et augmenterait, en réaction, l'influence américaine sur le Vieux Continent. La Russie a bien compris l'importance politique et économique de cet enjeu. Par la voix d'Alexandre Medvedev, président du géant russe Gazprom, elle n'hésite pas à dénigrer cette ressource, en affirmant sans ambages que les gaz de shale ne sont qu'un écran de fumée[50].

Les États-Unis gagneraient également à ce que la Chine se lance dans l'exploitation des gaz de shale. Ces nouvelles ressources énergiques internes pourraient diminuer la voracité des entreprises chinoises sur les marchés internationaux pour le contrôle des ressources naturelles, particulièrement énergétiques, qu'il s'agisse du pétrole africain ou des sables bitumineux de l'Alberta.

Comme souvent, l'enjeu diplomatique camoufle des enjeux économiques plus directs. Pour le moment, les Américains contrôlent presque exclusivement les techniques d'exploitation du gaz naturel et ils sont associés, de manière directe ou indirecte, à presque tous les projets d'exploration de gaz de shale sur la planète. Les seules compagnies étrangères à travailler dans le secteur sans partenaire américain sont les canadiennes. Car la technologie s'est vite transportée au nord de la frontière américaine. Les Américains ont donc tout intérêt à déployer aussi rapidement que possible leurs sociétés à l'étranger afin de mettre la main sur les gisements les plus rentables avant que les autres gazières ne commencent à bouger.

50. Ambrose Evens-Pritchard, «Energy Crisis Is Postponed as New Gas Rescues the World», *Daily Telegraph*, Londres, 11 octobre 2009.

Chapitre 7

LE CANADA

Deuxième plus grand pays du monde, avec une superficie de près de 10 millions km^2 et particulièrement riche en ressources naturelles de toutes sortes, le Canada est un des rares pays producteurs d'hydrocarbures de la planète à avoir vu ses réserves de combustibles fossiles classiques décliner officiellement. Contraint par ses ressources, il n'a pu augmenter sa production de pétrole depuis 10 ans que grâce à l'exploitation à grande échelle des sables bitumineux, qui devraient bientôt dominer la production canadienne d'or noir. De même, le niveau de ses réserves de gaz naturel n'est plus que de 1,75 Gm^3, soit 62% du maximum atteint en 1984[51].

Comme on l'a vu au chapitre 2, le Canada a également dépassé, depuis 2006, son pic de production, alors que la demande intérieure continue d'augmenter, poussée en partie par l'industrie croissante des sables bitumineux qui requiert d'immenses quantités de chaleur pour liquéfier le bitume visqueux collé au sable. Fortes de leur expérience dans l'exploitation du pétrole non traditionnel et faisant face, à très brève échéance, à une pénurie de gaz naturel, les sociétés pétrolières et gazières canadiennes sont très ouvertes aux nouvelles technologies de forage ciblant des ressources qui ne sont pas encore exploitées. Elles ont donc vu immédiatement l'intérêt de la fracturation hydraulique pour rehausser la production nationale grâce aux nombreuses structures géologiques appropriées qu'on retrouve dans tout le pays ou presque[52]. On pense, bien sûr, aux régions déjà connues pour leurs ressources pétrolières et gazières traditionnelles – la Colombie-Britannique, l'Alberta et la Saskatchewan –, mais on peut aussi compter sur de nouveaux joueurs, en particulier dans l'est du pays : au Québec, au Nouveau-

51. *BP Statistical Review of World Energy*, 2010.
52. *L'ABC du gaz de schistes au Canada*, *op. cit.*, p. 1.

Brunswick et en Nouvelle-Écosse. Seuls l'Ontario – cœur industriel du pays – et le Manitoba ne semblent pas disposer de gisements exploitables sur leur territoire. J'ai choisi d'examiner le cas de deux provinces en particulier : la Colombie-Britannique et le Québec.

La Colombie-Britannique

La production de gaz naturel à grande échelle en Colombie-Britannique remonte à la première moitié du XXe siècle, alors que les premiers gisements du nord-est de la province furent mis en service. Pendant longtemps, toutefois, cette production fut réservée essentiellement à la consommation locale, relativement faible par rapport aux capacités de production. Aussi, lorsqu'à la fin des années 1990, le réseau de la province fut finalement relié par gazoduc au marché nord-américain, coïncidant avec une augmentation généralisée des prix du gaz naturel, la production traditionnelle grimpa rapidement, passant de 20 Gm^3 par année à plus de 26 Gm^3 entre 1998 et 2003, pour atteindre près de 31 Gm^3, en 2010, soit plus de trois fois la demande intérieure de la province et 22% de la production nationale, générant au passage des revenus appréciables pour le gouvernement de la province.

Forte d'une industrie gazière déjà en place, la Colombie-Britannique fut la première province canadienne à se lancer dans l'exploitation des gaz de shale. Deux shales importants recouvrent une grande partie du nord de la province : le shale de Montney et celui de Horn River. Le premier, situé dans le nord-est de la province, est particulièrement riche en matière organique, celle-ci pouvant atteindre 7% en certains endroits. Les estimations de réserve à son égard sont très élevées, de 2,3 à 20 Tm^3, jusqu'à 12 fois les réserves traditionnelles du pays, selon BP. Même en comptant que seuls 10 à 20% de ces gaz sont récupérables, le shale de Montney représente une ressource gazière considérable pour le Canada et l'Amérique du Nord tout entière. Le second gisement, le shale de Horn River, situé dans le nord-ouest de la Colombie-Britannique, sur la frontière avec l'Alberta, contient, lui aussi, d'immenses réserves de gaz naturel : avec un taux de récupération de 20%, les réserves exploitables sont très similaires à celles du shale de Montney, soit environ 4 Tm^3. Pas surprenant alors, surtout dans un contexte de pic de production du gaz naturel, que les forages se soient multipliés à partir de 2006. En juillet 2009, dans le shale de Montney seulement, 234 puits horizontaux étaient en activité, produisant 11 Mm^3 par jour (4 Gm^3 par année) de gaz (voir la figure 7.1), soit environ 2,5% de la production canadienne.

FIGURE 7.1

Nombre de puits horizontaux et production de gaz dans le shale de Montney

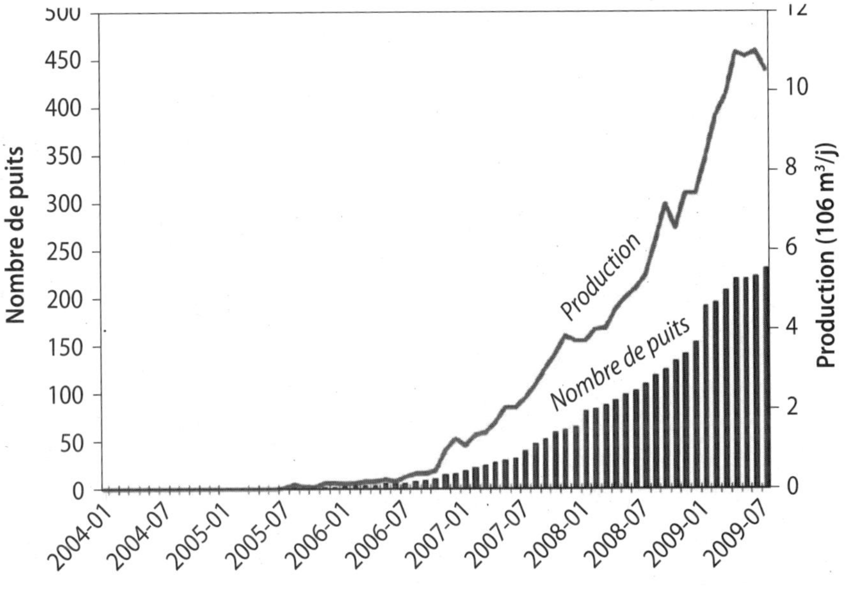

Source: *L'ABC du gaz de schistes au Canada*, Office national de l'énergie, nov. 2009, figure 11, p. 17

Du côté du shale de Horn River, le développement est beaucoup moins avancé, avec une vingtaine de puits en activité. Ceux-ci ont un excellent niveau de production qui atteint 450000 m^3 par jour au démarrage[53]. Bien que ce volume baisse rapidement avec le temps, comme on l'a vu, un plus gros débit initial permet tout de même d'espérer une forte production sur la durée de vie du puits.

53. *L'ABC du gaz de schistes au Canada, op. cit.*

Malgré que le nombre de puits en activité dans ces deux shales soit considérablement plus faible qu'au Texas et en Pennsylvanie, on doit s'attendre à ce que le niveau de production de gaz non traditionnel en Colombie-Britannique rejoigne celui de ces deux États. En effet, les shales de Horn River et de Montney se trouvent dans des régions relativement isolées et à très faible densité de population; les risques de tensions observées ailleurs entre les sociétés d'exploitation, d'une part, les citoyens et les groupes de pression, d'autre part, s'en trouvent donc diminués. En raison d'un contexte géologique et politique excellent, les espoirs de production de gaz de shale sont par conséquent très élevés en Colombie-Britannique. Déjà, cela a permis à la province d'aller chercher des sommes considérables, dépassant 4000 $/hectare, lors d'une vente aux enchères des droits d'exploration de ses deux structures géologiques[54]. Et si on continue la planification d'un port méthanier à Kitimat, sur les côtes du Pacifique, ce n'est plus, comme on l'a dit, pour importer le gaz de Russie ou du Qatar, mais plutôt pour exporter du gaz de shale liquéfié vers l'Asie, un marché en pleine croissance.

D'ailleurs, la Colombie-Britannique ne compte pas s'arrêter aux gaz de shale; elle lorgne aussi du côté du gaz de charbon. Si cette industrie se développe également, la province pourrait devenir un producteur nord-américain incontournable au cours des prochaines décennies.

Le Québec

Contrairement aux autres territoires mentionnés plus haut, le Québec n'a connu qu'une production mineure de gaz naturel échappé des grands shales à travers quelques fractures; il n'a donc pas d'histoire de production d'hydrocarbures à grande échelle. Ce ne fut pas faute d'avoir essayé pourtant, mais les efforts de prospection déployés dans les années 1970 et dirigés par la Société québécoise d'initiatives pétrolières (SOQUIP) ne permirent de

54. Contrairement aux États-Unis, les droits minéraux au Canada appartiennent à l'État et non aux propriétaires de la surface.

déceler aucune ressource importante exploitable, à l'exception de pétrole, dans le golfe du Saint-Laurent, à la frontière de la province de Terre-Neuve-et-Labrador. Malgré un ambitieux programme d'exploration présenté au début des années 2000, le gouvernement québécois décida, vers 2005, pour des raisons idéologiques d'abandonner la partie, de démanteler la division Pétrole et Gaz d'Hydro-Québec et de vendre les droits d'exploration détenus par cette filiale à de petites sociétés intéressées par ces gisements. Il accueillit donc les bras ouverts les sociétés d'exploration lorsqu'elles commencèrent à se manifester, à prendre des permis sur de grandes régions du Québec et à s'organiser en vue du début des opérations d'exploration à grande échelle.

FIGURE 7.2

Compilation des droits d'exploration pour le pétrole et le gaz au Québec en 2010

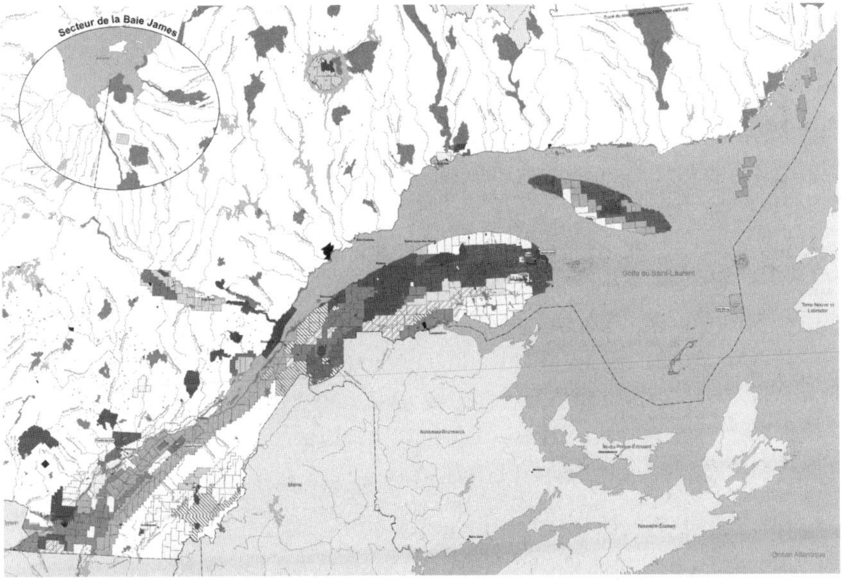

Les carrés et rectangles de grisés différents indiquent les zones pour lesquelles des droits d'exploration ont été délivrés. On remarque que presque tout le sud du Québec ainsi qu'une bonne partie du Saguenay–Lac-St-Jean sont déjà accordés. Source : Ministère des Ressources naturelles et de la Faune, Gouvernement du Québec

Pour les citoyens toutefois, le choc fut brutal : une fraction importante des Québécois s'est réveillée, quelque part au milieu de 2010, pour découvrir que, alors que tous les yeux étaient tournés vers la Gaspésie et l'estuaire du Saint-Laurent, l'exploration allait bientôt commencer dans le sud de la province, qui recouvre un immense gisement de gaz non traditionnel, le shale d'Utica.

Celui-ci, on l'a dit, s'étire de l'État de New York jusqu'à la rive nord du Saint-Laurent. Ces vieux shales, relativement riches en gaz naturel, sont recouverts d'une autre couche également bien garnie en matière organique, la formation de Lorraine[55]. Les plis du shale d'Utica représentent à la fois un avantage et un inconvénient : ils pourraient grandement augmenter l'effet de la fracturation, mais ils pourraient aussi avoir laissé sortir le gaz au fil du temps, rendant cette structure très peu productive. Autre désavantage : la forte concentration de calcite, une pierre très friable, qui devrait céder trop facilement sous la pression et bloquer ainsi la propagation des fissures essentielles pour assurer un débit important de gaz et la rentabilité du forage.

Pour le moment, très peu de puits horizontaux ont été creusés dans cette formation et on ignore encore si le shale d'Utica sera rentable ou non avec les techniques actuelles. Un peu des deux probablement, en fonction des sites d'exploration. Si les estimations fiables manquent en ce qui concerne la quantité de méthane libre piégé dans la roche-mère, les analystes de l'Office national de l'énergie (ONE) évaluent la réserve totale de gaz à au moins $3{,}4 \times 10^{12}$ m^3 (3,4 Tm^3). Toujours avec un taux de récupération de 20%, cela représente une quantité similaire à celle des réserves estimées de la Colombie-Britannique[56].

Malgré la méconnaissance actuelle de son potentiel gazier, l'un des atouts du shale d'Utica est qu'il se situe dans les grands axes

55. Si, pour le moment, l'exploitation de cette couche est difficile à cause de sa forte teneur en argiles qui résistent à la fracturation hydraulique, il y a tout lieu de penser que les mêmes puits verticaux pourraient, une fois l'exploitation du shale d'Utica terminée, servir pour le shale de Lorraine.

56. Il est étonnant de constater à quel point les réserves estimées de ces divers gisements sont similaires. Est-ce par pur hasard ou pour des raisons politiques? Seul l'avenir le dira.

de transport du gaz naturel, de l'ouest du pays vers le Québec et le nord-est des États-Unis, qui traversent la région au sud du Saint-Laurent. Puisqu'on s'attend à ce que le gaz produit ne contienne pas beaucoup d'impuretés, il y aura donc fort peu à faire pour acheminer le gaz de shale produit dans cette région vers les grands centres. Cet avantage géostratégique devrait compenser, en partie du moins, les efforts supplémentaires à déployer pour l'exploitation des shales gazifères d'Utica par rapport aux riches gisements de la Colombie-Britannique.

Sommaire de la situation canadienne

Au total, l'Office national de l'énergie évalue que le potentiel de production de gaz de shale au Canada se situe à un minimum de 6 Tm^3, ce qui représente plus de trois fois les réserves traditionnelles restantes au pays. Tous ces chiffres doivent toutefois être considérés avec précaution puisque seul le shale de Montney est présentement exploité sérieusement, avec plusieurs centaines de puits, et que l'on ignore encore la production réelle de ces puits sur plusieurs années. Quant aux gisements non traditionnels de l'est du pays, ils n'en sont qu'à leurs premiers puits d'exploration, et la proximité de la Pennsylvanie et du port méthanier Canaport LNG au Nouveau-Brunswick pourrait faire une compétition féroce à la production des shales d'Utica et de Horton Bluff, dans les provinces maritimes, limitant les investissements et le développement de cette ressource, au moins pendant quelques années.

Il reste beaucoup d'inconnues, bien sûr. Mais avec une production classique de gaz naturel en chute libre, surtout en Alberta, il ne fait aucun doute que la production de gaz non traditionnel est appelée à prendre une part de plus en plus importante dans l'économie canadienne. L'impact de cette ressource décentralisée reste à évaluer dans un pays dominé de plus en plus par la production de pétrole et de gaz. On peut toutefois déjà prévoir que les discours verts des gouvernements du Québec et de la Colombie-Britannique risquent de prendre un ton beaucoup plus gris avec l'expansion de l'industrie gazière sur leur territoire respectif.

Chapitre 8

HORS DE L'AMÉRIQUE DU NORD

L'intérêt pour les shales gazifères ne se limite pas à l'Amérique du Nord. La fracturation hydraulique, qui devrait bouleverser le marché planétaire du gaz, a déjà attiré l'attention de nombreux pays qui désirent, pour toutes sortes de raisons, développer une industrie gazière locale. C'est le cas de plusieurs pays européens, mais aussi de la Chine qui souffre d'un manque cruel de ressources pétrolières et gazières classiques.

Pour le moment, toutefois, on sait encore très peu de choses sur les potentiels réels des divers shales hors de l'Amérique du Nord puisque ceux-ci n'ont pas encore été étudiés en détail. Jusqu'à tout récemment, on ne pensait pas que ces structures géologiques pouvaient livrer du gaz à coût compétitif. Je me limiterai donc, ici, à un survol des développements actuels en Chine et en Europe.

La Chine

La Chine, qui dispose de fort peu d'hydrocarbures traditionnels, à l'exception du charbon, lui-même souvent difficilement accessible, n'a pas tardé à s'intéresser aux gaz de shale et à la possibilité d'exploiter les grandes structures géologiques prometteuses qu'on trouve sur son territoire. Au moins quatre régions présentent des shales à fort potentiel de production de gaz non traditionnel[57] : la plateforme du Yangtze dans le sud du pays, le bassin de Bohai Bay à l'est, celui de Zhugaer à l'ouest et la formation de Benxi au nord. Au total, celles-ci pourraient représenter un potentiel de 30,7 Tm^3 de gaz en place et donc environ 6 Tm^3 de gaz exploitable, soit environ autant que le Canada. Ces chiffres sont à prendre avec

57. H. Liu, H. Wang, R. Liu et Y. Lin, *Shale gas in China: New important role of energy in 21st century*, 2009, International coalbed and shale gas symposium, 2009.

précaution, car les analyses géologiques et géochimiques des gisements de ces quatre régions sont encore très rares, ce qui rend difficile l'évaluation de la capacité de production et des coûts de développement de cette ressource.

La question de rentabilité, quoique importante pour la Chine, n'est pas déterminante pour l'exploitation des gaz de shale. Le pays, dont la croissance économique rapide est tributaire de ressources énergétiques disponibles en abondance, a un besoin immédiat de ce méthane. Pas d'attente possible, donc, pour la Chine et plusieurs grandes sociétés pétrolières chinoises sont déjà à pied d'œuvre. Suivant une approche qui l'a bien servie depuis trois décennies, la Chine mise sur l'établissement de partenariats avec l'industrie étrangère pour acquérir rapidement le savoir-faire et la technologie nécessaires pour assurer un démarrage rapide de ce secteur. Pour faire avaler la pilule, le gouvernement chinois n'hésite pas à reprendre le discours américain et assure que ce partage de technologie servira également les intérêts de l'Oncle Sam, en diminuant ses demandes d'énergie sur les marchés internationaux. Cet argument est bien reçu et, dans le cadre d'un accord sino-américain, PetroChina a établi, en 2009, un partenariat avec la pétrolière Shell ciblant spécifiquement la production de ces gaz non traditionnels en Chine. Un autre géant national, Sinopec, a également signé un partenariat similaire avec BP afin d'exploiter les grands shales noirs du Sichuan[58]. En parallèle, la Chine investit dans les gaz de shale à l'étranger. Ainsi, en juin 2010, la China National Petroleum Corporation a signé une entente avec la canadienne Encana pour l'exploitation des réserves de gaz de shale en Colombie-Britannique, une autre façon d'aller chercher le savoir-faire qui lui manque cruellement.

Toutes origines confondues, la Chine prévoit que le gaz naturel devrait fournir 10% de l'énergie consommée dans le pays en 2020, une augmentation significative par rapport au maigre 3% de la

58. Augustin Roch, «Gaz schisteux: rupture technologique, conséquences géo-politiques et problématique environnementale», *Affaires stratégiques*, 23 juin 2010. http://www.affaires-strategiques.info/spip.php?article3566

contribution de cette ressource énergétique en 2005[59]. La part du gaz de shale dans cette cible, devrait atteindre 15 à 30 Gm^3 en 2020, soit environ le tiers de la production actuelle du pays. Pour atteindre cette cible, relativement conservatrice, il ne suffira pas de forer. Il faudra également que la Chine développe les infrastructures de traitement du gaz naturel et de transport en construisant de nouveaux gazoducs qui achemineront le gaz naturel des sites de production aux centres de consommation. Il s'agit d'un effort beaucoup plus grand que ce qui est exigé aux États-Unis et au Canada où la plupart des centres de production de gaz de shale se situent près d'infrastructures de transport déjà existantes. Mais, on le sait, la construction d'infrastructures en Chine peut s'effectuer à un rythme qui dépasse, et de loin, ce que l'on voit ailleurs, surtout lorsqu'il s'agit de protéger les intérêts nationaux.

Malgré des cibles ambitieuses d'augmentation de production de gaz naturel au cours des 10 prochaines années, la Chine restera bien en dessous de la moyenne mondiale qui atteint les 24%. On ne peut donc pas, malgré les investissements considérables, vraiment parler pour ce pays de révolution des gaz de shale puisque ces derniers ne devraient répondre, à la fin, qu'à 1% de la demande énergétique du pays, l'essentiel de l'approvisionnement non traditionnel provenant plutôt du grisou extrait de gisements de charbon difficiles d'accès. D'une manière ou d'une autre, le charbon restera donc encore longtemps la pierre d'assise du développement énergétique de l'Empire du Milieu.

L'Europe de l'Ouest

À l'exception de la Norvège et des Pays-Bas, l'Europe de l'Ouest dépend presque exclusivement des importations pour son gaz naturel, essentiellement de la Russie et de l'Afrique du Nord. Puisque ces deux fournisseurs possèdent des réserves de gaz naturel traditionnel suffisantes pour répondre aux besoins de l'Europe durant encore plusieurs décennies, l'intérêt des

59. David Winning, «China starts first shale gas project», *The Wall Street Journal*, New York, NY, 27 novembre 2009.

gouvernements pour les gaz de shale est avant tout stratégique, plutôt que purement économique. Pour le moment, les données géologiques précises concernant les shales gazifères du Vieux Continent sont encore rares, mais, en partenariat avec les grandes pétrolières et de plus petits joueurs américains, l'exploration se met en branle dans plusieurs pays, la Pologne en tête. Le premier puits en vue de l'exploitation de gaz non traditionnel en Europe a été foré dans ce pays à l'été 2010, près de Gdansk, sur la mer balte. Sans surprise, c'est une société américaine, ConocoPhillips, qui mène les travaux. Plusieurs autres sociétés commenceront également des forages d'ici à la fin de 2011. Les grandes réserves de charbon de l'Europe, exploitées depuis plusieurs centaines d'années, laissent supposer d'importants gisements de gaz de shale, mais seuls des forages d'exploration dans ces couches géologiques longtemps considérées comme sans intérêt économique permettront de dresser un portrait global et précis de la situation. Pendant ce temps, de nombreuses sociétés américaines (Exxon-Mobil et Marathon, par exemple) et canadiennes (Talisman) se positionnent et ont déjà acquis des permis d'exploration.

Le choix de la Pologne, comme porte d'entrée vers l'Europe, n'est pas anodin. Tout d'abord, la structure géologique qui intéresse ces sociétés n'est pas formée de roche-mère imperméable, mais plutôt de roche étanche ayant piégé le méthane s'échappant de la roche-mère sous-jacente; elle se prête particulièrement bien à la fracturation hydraulique. Selon le journaliste Robin Pagnamenta du quotidien *The Times* de Londres, les gisements autour de Gdansk seraient peu profonds et riches en hydrocarbures, un peu comme ceux du shale de Montney en Colombie-Britannique qui sont, eux, en exploitation depuis quelques années[60].

De plus, l'intérêt pour les sociétés d'investir en Pologne n'est pas que géologique. La position géographique de la Pologne ainsi que sa forte dépendance envers la Russie, qui lui fournit plus de 70% de son gaz naturel, assurent un soutien politique important à cette

60. Robin Pagnamenta, «Dash for Poland's gas could end Russian stranglehold», *The Times*, Londres, 5 avril 2010.

industrie aux marges de rentabilité encore mal définies. Comme dans de nombreux pays, les rêves d'indépendance énergétique de la Pologne favorisent nettement la mise en place d'infrastructures fiscales, légales et structurelles particulièrement attrayantes pour les sociétés gazières du monde entier. C'est dans cette optique, par exemple, que la Pologne a annoncé qu'elle se contentera de redevances relativement faibles, dans un contexte européen, soit environ 23%.

En plus de cet ancien pays du bloc de l'Est, de nombreux autres gouvernements européens lorgnent vers cette ressource énergétique. Mais ce n'est pas tout de produire du gaz, encore faut-il le forer, l'exploiter, le traiter et le distribuer. Grande consommatrice de gaz naturel, l'Europe a, sur la Chine, l'avantage de disposer d'infrastructures de transport déjà en place. Les divers puits creusés pourront donc se raccorder facilement à un gazoduc passant tout près. C'est plutôt l'accès à de la machinerie de forage sur la terre ferme qui ralentit l'exploration en Europe : il n'existerait qu'une centaine de foreuses sur ce continent, contre plus d'un millier aux États-Unis seulement. De plus, si les grands réseaux de gazoducs sont déjà en place, les infrastructures de traitement et de transformation, essentielles pour certain gisements durant la phase de production, n'existent pas. Des investissements importants seront donc requis en Europe si l'industrie des gaz de shale doit voir le jour.

Ces exigences, couplées à la proximité géographique des grands producteurs de gaz traditionnel, pourraient faire croire que l'exploitation des shales gazifères n'est pas pour demain. Pour certains, ce serait faire fi de la structure des contrats à long terme signés par les distributeurs européens, généralement basés sur le prix du pétrole, et qui favorisent des tarifs élevés. Le gaz naturel se vend donc beaucoup plus cher en Europe qu'en Amérique du Nord, où on a observé un véritable écrasement des prix depuis que les spéculateurs ont découvert la technologie de la fracturation hydraulique.

LE GAZ DE SHALE EN FRANCE

En France, l'exploration du gaz de shale (qu'on appelle souvent *shale gas*) en est encore à ses premiers pas. Des permis d'exploration couvrant une poignée de régions de l'Hexagone ont été distribués, mais on est très loin du niveau d'activité observé aux États-Unis. Ainsi, au début de 2010, la pétrolière française Total a obtenu les droits d'exploration sur une zone de 432700 hectares entre Valence et Montpellier. Elle s'est engagée à investir près de 40 millions d'euros en cinq ans, ce qui ne représente qu'une dizaine de puits d'exploitation au maximum. Active dans le domaine aux États-Unis, grâce à une participation de 25% pour les permis du shale de Barnett de la gazière américaine Chesapeake, Total compte donc développer également une expertise en France et en Europe. Mais la pétrolière n'est pas seule en lice. GDF Suez (anciennement Gaz de France), en partenariat avec la texane Schuepbach Energy ont, de leur côté, acquis les droits de deux régions, en Ardèche et dans l'Aveyron, qui totalisent une superficie d'environ 530 000 hectares, avec promesse d'investir également une quarantaine de millions d'euros.

Malgré ces deux initiatives, on possède encore bien peu d'information sur les possibles réserves de gaz non traditionnel en France, car l'intérêt pour cette ressource est relativement faible; ce pays n'est pas un grand consommateur de gaz naturel et seulement 16% de l'énergie qu'il utilise provient de cette source, contre plus de 24% pour le reste de la planète. Comme, de surcroît, ce gaz provient essentiellement de la Norvège et des Pays-Bas, la pression politique qui favorisait la production locale de gaz est également négligeable. Ce n'est pas en France, semble-t-il, que l'industrie européenne des gaz de shale prendra son envol.

Cette situation de prix élevés en Europe n'est pas assurée, toutefois, en bonne partie à cause même de la révolution américaine dans le secteur du gaz naturel. En effet, les grands pays producteurs comme le Qatar et l'Algérie se sont équipés de complexes méthaniers pour la liquéfaction du méthane et son transport en prévision de l'accroissement massif de la demande pour cet hydrocarbure de la part des États-Unis. La chute brutale de l'importation du gaz naturel par les distributeurs américains laisse donc un surplus de capacité de production qui exerce une pression à la baisse importante dans le reste du monde, y compris en Europe, ce qui paradoxalement diminuerait l'intérêt pour l'exploitation des shales gazifères sur ce continent[61]. Quel que soit le prix de revient des gaz de schiste, la

61. Keith Schaefer, «The Death of Oily Gas in Europe – Part II Interview with Dave Forest», *Oil & Gas Investments Bulletin*, 30 mars 2010.

simple possibilité de les exploiter offre un bien meilleur rapport de force pour les pays européens face à la Russie. C'est tout ce qu'ils demandent.

À quoi peut-on s'attendre au niveau mondial?

L'optimisme règne dans l'industrie des gaz de shale. Ceux-ci, on l'a vu, ont bouleversé la donne dans tous les secteurs de l'énergie en Amérique du Nord, sauf celui du pétrole, car ce combustible fossile n'a toujours pas de concurrent direct. Sur les marchés d'échange, les prix de l'électricité sont à un minimum, ce qui cause de fortes pressions sur les projets de production d'électricité basée sur des énergies renouvelables. Même les nouveaux développements hydroélectriques sur la Côte-Nord québécoise auront coûté, lors de leur mise en service, près de deux fois le niveau actuel du prix de l'électricité sur le marché régional. Depuis la chute des marchés, en juin 2008, le gaz naturel se positionne également comme un concurrent très sérieux face au charbon, que les coûts de la captation et de l'enfouissement du CO_2 produit à la combustion risquent de plomber.

En dehors de l'Amérique du Nord, toutefois, l'industrie du gaz de shale en est encore à prendre des positions et à explorer les divers gisements. La course est pourtant déjà avancée de ce côté et les sociétés américaines (et quelques canadiennes) mènent le bal: elles sont impliquées directement dans presque tous les projets hors de l'Amérique du Nord avec le soutien, entre autres, du gouvernement américain, qui croit fortement qu'une meilleure distribution des ressources exploitables de gaz naturel à travers la planète permettrait de diminuer les tensions géopolitiques ainsi que l'influence de la Russie, surtout en Europe, en plus de bénéficier directement aux sociétés gazières américaines. Le développement rapide des ressources de gaz naturel non traditionnel à travers le monde serait donc à l'avantage des gazières et pétrolières de ce pays. Celles-ci sont les seules, avec quelques canadiennes, à posséder le savoir-faire permettant de mettre en valeur les droits d'exploration des meilleurs gisements de la planète. Tout délai, à partir de maintenant, permettrait aux autres sociétés gazières et pétrolières de la planète de développer leur propre technologie et d'occuper leur territoire.

Reste à régler la question fondamentale de la rentabilité de l'exploitation de cette ressource. Si, pour la Chine, ce n'est pas l'enjeu majeur, la situation est fort différente en Europe. Pour des raisons politiques et géostratégiques face à la Russie, l'Europe a tout intérêt à poursuivre l'exploration de cette ressource, mais n'a pas nécessairement besoin de l'exploiter. Sauf pour quelques gisements particulièrement riches, les gaz de shale devraient coûter plus cher que celui d'importation. Contrairement à l'Amérique du Nord et à la Chine, cette ressource risque donc de servir avant tout d'arme de négociation pour les fournisseurs européens plutôt que de source directe d'énergie.

PARTIE IV

Modèles économiques d'exploitation des gaz

Chapitre 9

LES ENJEUX ÉCONOMIQUES

Les gaz de shale, dont les géologues connaissaient l'existence depuis longtemps, n'ont commencé à attirer l'attention des investisseurs qu'à partir de 2008. Si certaines régions du monde, comme la Pennsylvanie et la Colombie-Britannique, s'y préparaient déjà, la perspective d'exploiter cette ressource de manière économiquement viable restait, pour la majorité des acteurs dans le domaine, une question avant tout théorique. Or, voilà qu'au milieu d'une crise financière et économique mondiale, divers gouvernements découvrent l'existence d'une nouvelle ressource énergétique sur leur territoire, qui pourrait leur assurer des revenus importants en plus de créer de nombreux emplois et de leur permettre de s'affranchir, au moins partiellement, des pressions des trop rares fournisseurs de gaz de la planète. Dans plusieurs de ces pays, pourtant, personne ou presque, n'avait réfléchi à la façon dont cette industrie pourrait être développée et nombreux sont ceux qui furent et sont encore pris au dépourvu face à des investisseurs et développeurs bien décidés occuper, aussi rapidement que possible, les territoires les plus intéressants.

Comment profiter au maximum de ces ressources non renouvelables ? Dans leur quête d'un retour rapide, plusieurs gouvernements semblent avoir fait assez peu de cas des divers modèles d'exploitation qui s'offrent à eux, se contentant, pour des raisons à courte vue, d'offrir des conditions attractives, mais rapportant peu au trésor public et aux citoyens. Afin d'identifier le modèle qui convient le mieux à chaque société, il est bon de faire un rapide tour d'horizon de quelques juridictions possédant déjà une longue expérience de l'exploitation pétrolière et gazière. Pour ce faire, nous regarderons deux exemples, réussis à leur façon, l'Alberta et la Norvège, et un qui laisse à désirer : le Québec. Avant de faire ces comparaisons toutefois, il est utile d'exposer les responsabilités qui accompagnent les différentes étapes du développement de cette ressource, de l'exploration à l'exploitation, dans diverses juridictions.

Quelles sont les étapes à suivre pour exploiter le gaz?

Quand on parle d'hydrocarbures, on entre rapidement dans une valse de milliards: pour les investisseurs privés, les propriétaires de terrains et, lorsqu'il en reste, pour les gouvernements et la société en général. Les relations entre ces différents intervenants varient considérablement d'une région du globe à l'autre, en fonction du caractère de la propriété des ressources naturelles, mais aussi des attentes envers les sociétés d'exploitation.

Formellement, la nature non traditionnelle des gisements de gaz de shale ne change pas grand-chose à la structure légale entourant l'exploitation de ces ressources. Contrairement aux sables bitumineux, par exemple, qui exigent, du moins avec certaines techniques, d'arracher la forêt et la terre arable jusqu'à 50 m de profondeur, les puits de gaz de shale ressemblent, de l'extérieur, aux puits traditionnels. On retrouvera donc, sauf pour ce qui entoure la fracturation hydraulique, sensiblement les mêmes obligations légales que pour l'exploitation du gaz traditionnel.

1. L'obtention des droits d'exploration

Première étape, pour un prospecteur ou une société d'exploration: obtenir le droit d'explorer un territoire donné. En général, ce droit est exclusif et, lorsque le sous-sol appartient à l'État, comme c'est le cas au Canada et en Europe, un permis doit être obtenu auprès du gouvernement approprié. Cette procédure varie bien sûr en fonction des territoires. Au Québec, par exemple, c'est la règle du premier arrivé, premier servi qui prévaut: il est possible d'obtenir un permis d'exploration sur n'importe quel territoire libre de droits, pour un tarif annuel de 0,10 $ l'hectare les premiers cinq ans et 0,50 $ par la suite. La seule exigence requise est l'obligation d'investir un minimum de 0,50 $ par hectare la première année, un montant qui augmente de 0,50 $ par année jusqu'à la 5e année pour se stabiliser ensuite. Une compagnie comme Junex, qui possède des permis d'exploration sur environ 600000 hectares situés dans les basses-terres du Saint-Laurent[62], doit donc débourser 6000 $ de droits par année et investir en plus 300000$ annuellement sur l'ensemble du portefeuille, ce qui est bien peu quand on sait que le forage d'un seul puits horizontal coûte plusieurs millions de dollars.

D'autres territoires, comme la Colombie-Britannique et les autres provinces de l'Ouest du Canada, ont plutôt choisi d'offrir des territoires à la prospection par lot, à des dates précises, et de vendre les droits aux enchères. L'intérêt d'une telle approche est double. Puisque l'ouverture d'une région à l'exploitation est annoncée publiquement, elle place tous les investisseurs intéressés sur un pied d'égalité. La concurrence entre les sociétés d'exploration fait augmenter la valeur des permis et diminue les risques de positionnement simplement stratégique, favorisant ainsi une exploration rapide qui permettra de justifier le coût des permis. Profitant de l'engouement des investisseurs pour les gaz de shale, la Colombie-Britannique a ainsi obtenu, entre 2008 et 2010, plus de quatre milliards de dollars de droits d'exploration grâce à ce système de vente aux enchères. Comme au Québec, les détenteurs de droits d'exploration doivent verser un loyer annuel (qui peut atteindre 3,50$ l'hectare), en plus de démontrer la productivité du site dans les deux à cinq années suivant l'obtention du permis, selon la région.

Alors qu'au Canada et dans la plupart des pays, la propriété des droits miniers reste à l'État, ce n'est pas le cas aux États-Unis. Chez l'Oncle Sam, les droits sous-terrains sont liés à la propriété de la surface. C'est donc aux propriétaires du terrain que revient la responsabilité de négocier la vente des droits d'exploration et les redevances[63]. En général, une première compensation est versée au

62. Pierre Couture, «Junex assise sur des milliards de dollars», *Le Soleil*, 10 février 2010, p. 32.

63. Cette structure de propriété limite considérablement le contrôle des opérations de forage par les diverses autorités. Ainsi, bien que la ville de Pittsburgh ait voté récemment une interdiction de forer sur son territoire, il est très peu

propriétaire du terrain pour l'achat des droits d'exploration sur la base de la superficie de la surface. Le prospecteur se réserve alors le droit d'explorer ou non. S'il y a exploitation, ce qui n'est souvent pas le cas, alors des redevances devront être payées, généralement entre 12,5 et 20%. Celles-ci ne sont pas versées uniquement au propriétaire de la surface sur laquelle la société s'installe, mais à tous les propriétaires des terrains sous lequel le gisement s'étend. La loi exige donc que la géométrie du gisement soit clairement précisée avant l'exploitation afin que chaque propriétaire des droits miniers puisse recevoir les royautés qui lui reviennent.

2. Les droits de passage et d'utilisation

La plupart des shales gazifères en Amérique du Nord se trouvent dans des régions densément peuplées, ce qui force les gazières à travailler directement avec les citoyens et les municipalités, une situation qu'on ne retrouve pas, en général, dans l'industrie minière canadienne, par exemple. Les sociétés d'exploration doivent donc acquérir des droits de passage et d'utilisation de la surface appartenant non pas à l'État, mais à des particuliers, afin de pouvoir construire les routes d'accès et les sites d'exploitation. Cela augmente considérablement la visibilité de leurs activités et complique leur développement.

En général, par exemple, l'obtention d'un permis d'exploration confère à la société d'exploration le droit d'accès à un territoire. Elle peut donc, avec la bénédiction du gouvernement et des tribunaux, entrer où elle le désire pour effectuer des mesures sismiques ou des forages exploratoires. Ainsi, ce n'est qu'au moment de l'exploitation que le propriétaire du permis doit obtenir le droit d'utilisation de la surface, par une entente à l'amiable ou, à défaut, via le ministre responsable, par expropriation. Dans la plupart des législations, il n'existe pas de règles uniformes définissant les conditions de

---

probable que ce règlement résiste à la contestation judiciaire, selon les services juridiques de la ville même. À l'été 2010, les droits d'exploration pour le gaz naturel avaient déjà été cédés sur plus de 150 hectares du territoire de la ville et il semble bien que les opérations d'exploration reprendront sous peu. Source: «Gas driller ban in Pittsburgh proposed; legality questioned», *The Times Leader*, Wilkes-Barre, PA, 25 août 2010.

l'entente et c'est à chaque citoyen-propriétaire terrien de négocier ses termes avec la société détentrice des permis d'exploitation, ce qui crée des déséquilibres importants.

Pour contrer cette situation, les propriétaires terriens américains se rassemblent parfois en association afin d'embaucher des avocats et de traiter sur un pied d'égalité avec les pétrolières ou les gazières. Ces associations se trouvent, bien sûr, surtout dans les régions avec une longue histoire de production d'hydrocarbures. Dans les régions qui s'ouvrent soudainement à l'exploration du gaz, ces structures de soutien n'existent pas et les propriétaires sont souvent seuls face à une industrie rompue à la négociation (voir l'encadré *Comment négocier l'accès à sa propriété*).

Qu'importe les talents de négociateur du propriétaire et le montant obtenu, le type de compensation reçu est relativement standard. À moins d'une installation de grande ampleur, les sociétés signent généralement un bail à un montant prédéterminé avec engagement, à la fin de la période d'occupation, de remettre le tout dans son état original. Au Canada, le propriétaire de la surface ne possède aucun droit sur le gaz produit et ne reçoit donc aucune royauté.

Au-delà de cette relation léonine, lorsque les droits du sous-sol appartiennent à l'État, la négociation ne concerne que le propriétaire de la surface et non l'ensemble des citoyens affectés par les travaux, les passages de camion et les risques d'exploitation, créant des inégalités réelles entre les habitants de la région. De telles inégalités ne peuvent pas être réglées au niveau municipal, car ces institutions sont elles-mêmes laissées-pour-compte dans les processus de négociation et de compensation associés à l'exploitation des ressources naturelles sises sous leur territoire.

3. Les droits de production ou les redevances

Une fois le gaz découvert, la société d'exploration doit généralement obtenir les droits de production, en présentant un projet d'exploitation qui décrit la production attendue, l'efficacité de l'exploitation (proportion de la ressource qui sera extraite), la gestion des déchets, la remise en état du site, etc. Si cette étape peut être exigeante dans le cas des minières traditionnelles, elle est presque automatique dans le cas du pétrole et du gaz puisque le dérangement à la surface est minimal et que les infrastructures nécessaires pour l'exploration sont les mêmes que pour la production, à l'exception d'un éventuel raccordement à un gazoduc, dans le cas du gaz naturel. Ces permis sont généralement délivrés sur une période beaucoup plus longue que ceux réservés à l'exploration ; elle peut atteindre une vingtaine d'années. En principe, les permis sont renouvelables à condition que la production demeure suffisante.

La gestion et le niveau des droits d'exploitation varient, bien sûr, d'un État ou d'une province à l'autre. Dans certains cas, les redevances sont un montant fixe déterminé à l'avance à verser par mètre cube de gaz naturel produit ; elles sont indépendantes du prix du gaz. Dans d'autres, les redevances représentent un pourcentage de la valeur du gaz naturel au puits, c'est-à-dire, sans tenir compte du transport et de la distribution. Ce type de redevances peut sembler très intéressant, mais une grande variabilité des prix dans un marché sursaturé peut le rendre moins rentable que le premier type. Plusieurs juridictions préfèrent donc un système hybride, avec une base fixe et un pourcentage additionnel selon le prix, ce qui réduit les fluctuations des rentrées fiscales tout en assurant à l'État une certaine redistribution des revenus lorsque les prix s'envolent. Finalement, certains pays, comme la Norvège, imposent, en plus des redevances, l'obligation d'associer l'État à la production. L'État partage alors tous les risques, contrairement au système de redevances traditionnel, mais on obtient, en contrepartie, une plus grande part des revenus, en s'assurant à la fois des droits de production et d'une portion des profits.

Comme le montre le tableau 9.1, on trouve la plupart de ces modèles en Amérique du Nord. Avec d'un côté, l'Alaska qui lève des droits très importants et, de l'autre, la Pennsylvanie, un État avec une très longue histoire de production d'hydrocarbures et le deuxième producteur de gaz de shale au monde, qui ne demande rien. Quinzième État américain en termes de production de gaz naturel, c'est le seul de cette liste à ne pas exiger de redevances[64]. Il ne faut toutefois pas oublier qu'aux États-Unis, les sociétés d'exploitation gazière et pétrolière versent systématiquement des redevances aux propriétaires des droits miniers et que ceux-ci, d'ordinaire de petits propriétaires terriens, s'avèrent souvent beaucoup plus exigeants que les gouvernements centraux.

TABLEAU 9.1

Redevances et royautés payées à l'État pour la production de gaz naturel

Province/ État	Production (Gm^3)	Redevances (2009)
Texas	196[1]	7,5% de la valeur sur le marché du gaz produit avec une réduction de 50% de ce taux pour des puits à coûts élevés de développement
Wyoming	64[1]	6% de la valeur taxable (prix vendu moins les coûts de transport et de transformation)
Alaska	11[1]	25 à 50% des revenus nets
Pennsylvanie	6[1]	Aucune
Alberta	124[2]	5% pour le gaz de shale. 5% autrement, pouvant atteindre 36% en fonction du prix et de la production
Colombie-Britannique	29[2]	5% des revenus bruts
Québec	0[2]	10 à 12,5% de la valeur au puits

1. Production en 2008.
2. Production en 2009.

Aux États-Unis, les compagnies doivent également verser des royautés aux propriétaires de la surface, ce qui s'ajoute à ces montants.
Sources: US Energy Information Administration, Gouvernement de l'Alberta, ministère des Mines de la Colombie-Britannique, ministère des Ressources naturelles et de la Faune du Québec et Office national de l'énergie

Les risques d'exploration

La structure des redevances et des droits dans l'industrie des hydrocarbures doit refléter le partage des risques, des investissements

64. Cette situation pourrait changer sous peu. À la suite de nombreuses critiques, Edward G. Rendell, le gouverneur de l'État, a signé une loi levant ce droit exceptionnel au 30 juin 2011. Pour le moment, toutefois, on ne connaît pas encore les détails du programme qui prendra la relève.

et le caractère non renouvelable de la ressource. Pour le moment, l'exploitation des gaz de shale suit les mêmes règles que les autres secteurs plus traditionnels. Or, la nature des risques et l'ampleur des investissements nécessaires pour assurer un retour suffisant diffèrent profondément entre les gisements traditionnels et non traditionnels.

COMMENT NÉGOCIER L'ACCÈS À SA PROPRIÉTÉ

La Commission du pétrole et du gaz de la Colombie-Britannique a publié un guide pour les propriétaires des droits de surface qui pourraient être appelés à négocier l'utilisation d'une partie de leurs terres à des fins d'exploration et d'exploitation d'hydrocarbures[65]. Bien que ce guide ne concerne pas spécifiquement l'industrie des gaz de shale, il permet de comprendre les défis auxquels est confronté un propriétaire terrien face aux sociétés gazières. Même s'il existe un contrat type en Colombie-Britannique depuis 1996, il revient à chaque citoyen de négocier l'accès et l'utilisation de sa propriété. Entre autres points à examiner, on recommande :

1. de considérer toute la superficie qui sera affectée par cette entente, pas seulement celle sur laquelle le puits sera construit ;
2. d'évaluer l'impact des routes et de la compaction des sols ;
3. d'estimer les nuisances pour le propriétaire, incluant les risques environnementaux et l'impact sur la revente de la propriété ;
4. d'estimer la perte directe et indirecte due à la session d'une partie de la propriété ;
5. d'évaluer les coûts du temps nécessaire pour en arriver à une entente ;
6. de se rappeler que le propriétaire n'a aucun contrôle sur le processus d'exploration et d'exploitation, ni sur l'identité de l'opérateur.

Ces questions, on le voit facilement, exigent une expertise considérable qui dépasse, en général, les compétences moyennes des agriculteurs et autres propriétaires terriens, même bien formés. Comme ces contrats sont de nature privée, il n'est pas possible pour ceux-ci de connaître les conditions acceptées par leurs voisins, ce qui leur permettrait au moins d'établir des points de référence. Ce n'est pas pour rien que le guide recommande au propriétaire de *parler à ses voisins afin de voir s'ils acceptent de discuter de leur expérience et de la compensation qu'ils ont reçue* [traduction de l'auteur]. Face à la perspective d'un règlement imposé par le ministre, puisque la loi stipule que le propriétaire de la surface ne peut pas, en fin de compte, s'opposer à l'exploration et à l'exploitation de la richesse souterraine qui ne lui appartient pas, il n'est pas facile d'établir un rapport de force équitable.

65. http://www.empr.gov.bc.ca/Titles/OGTitles/Documents/SurfaceLease.pdf

Une fois un gisement important de gaz classique identifié, il n'en coûte presque rien pour l'extraire et les profits apparaissent rapidement démesurés. Il faut toutefois inclure, pour calculer le retour sur l'investissement, l'ensemble des coûts de forage des nombreux puits qui n'ont rien livré, une constante dans l'industrie du gaz traditionnel. Les profits nets consentis à l'industrie par les gouvernements servent donc à rembourser ces risques.

La nature des risques est très différente dans le cas des shales gazifères. Avec une bonne évaluation de la structure géologique autour du site de forage, il est facile de s'assurer de la présence du gaz. Il ne reste qu'à identifier l'approche à utiliser et à calculer la rentabilité du gisement pour décider si l'on doit forer. Une fois les détails techniques sous contrôle, les risques d'exploration deviennent presque nuls : aucune chance de frapper un puits vide puisque les gisements s'étendent sur des milliers de kilomètres carrés et que chaque puits creusé livrera la quantité de gaz escomptée. Le seul vrai risque de l'investisseur est lié à la fluctuation des prix du méthane, ce qui ne diffère en rien des hydrocarbures traditionnels.

Puisque les coûts et les risques sont très bien maîtrisés dans le secteur du gaz non traditionnel, les gouvernements et les propriétaires de droits miniers devraient pouvoir exiger des redevances significativement plus élevées que dans les secteurs traditionnels. Si cette tendance est observée partiellement aux États-Unis, alors que les droits d'exploration ont atteint des sommets au Texas et en Pennsylvanie, on n'a pas encore vu une telle mise à niveau au Canada ni ailleurs dans le monde.

Les retombées indirectes

Afin de répondre par anticipation aux citoyens tentés d'utiliser l'argument précédent pour justifier un taux de redevances plus élevé, de nombreuses sociétés d'exploration gazière invoquent la taille des retombées indirectes associées aux investissements privés, un discours qui n'a pas changé depuis plusieurs centaines d'années. Les gazières font ressortir qu'il est important de leur laisser autant de profits que possible afin de favoriser les réinvestissements et la création d'emploi. Le véritable retour, pour le gouvernement, ne serait donc pas, selon elles, les redevances directes, mais plutôt l'achat d'équipement local et les salaires des travailleurs embauchés qui contribuent, par leurs impôts et leurs dépenses locales, à faire rouler l'économie et à augmenter les revenus des gouvernements.

Personne ne niera que les retombées indirectes de l'industrie du gaz et du pétrole sont réelles. Toutefois, le nombre d'emplois créés par puits dans l'industrie des gaz de shale semble faible par rapport aux secteurs traditionnels, en partie à cause du haut taux de succès de celle-ci: seuls quelques mois de travail sont nécessaires pour forer et fracturer un puits qui produira durant 5 à 10 ans. L'essentiel des retombées indirectes suit donc les foreurs, qui ne sont attachés à aucun territoire et circulent avec leur matériel, généralement acheté à l'étranger. Malgré les grandes promesses, très peu d'argent indirect sera donc dépensé dans la collectivité locale, ce qui ne suffira pas pour compenser la perte de ressources naturelles ainsi que l'usage des routes et des autres infrastructures publiques.

C'est au gouvernement qui représente les citoyens, propriétaires collectifs du contenu du soul-sol du pays, que revient la responsabilité de s'assurer que l'exploitation de ressources non renouvelables génère bien les retombées promises. Il ne faut pas compter sur l'entreprise privée, qui se préoccupe avant tout de sa survie, pour faire les comptes correctement et s'assurer que les droits du public, présents et à venir, sont protégés.

Le partage des revenus

Sans tomber dans la paranoïa ni l'anticapitalisme, il faut se rappeler que ce n'est pas le rôle de l'entreprise privée de s'assurer que les ressources non renouvelables qui appartiennent aux citoyens présents et futurs soient exploitées de manière optimale pour le bien de tous. C'est à l'État que revient cette responsabilité.

J'ai montré, dans ce chapitre, que les règles générales qui dictent les relations entre les citoyens, l'État et les sociétés d'exploration gazière et pétrolière varient considérablement à l'intérieur même de l'Amérique du Nord. Il est temps, maintenant, de sortir de ce continent et d'étudier la manière dont les Norvégiens ont décidé de gérer leurs ressources hydrocarbures lorsque la manne leur est tombée dessus, à la fin des années 1960.

Chapitre 10

L'EXEMPLE DE LA NORVÈGE

Dès juin 1974, le gouvernement norvégien, conscient des bouleversements que peut causer l'exploitation à grande échelle du pétrole et du gaz naturel récemment découverts au large de ses côtes, soumet une série de propositions au Parlement. Celles-ci permettront à ce pays de quatre millions d'habitants d'exploiter ses ressources tout en préservant le climat social et de profiter pleinement des retombées de leurs ressources non renouvelables. La maturité intellectuelle et le sens de l'État des politiciens norvégiens d'alors, de même que la longévité de ce modèle presque anachronique, font encore rêver les citoyens du reste du monde, presque 40 ans plus tard.

Le projet initial[66]

Au début des années 1970, à l'exception des États-Unis, du Canada et, à l'époque, de l'Union Soviétique, la Norvège était le premier pays développé, avec une longue tradition démocratique, une économie développée et industrialisée et une population bien éduquée, appelé à devenir un grand pays producteur de pétrole. À la différence des trois autres grands producteurs mentionnés, toutefois, la faible population de la Norvège augmentait l'impact inévitable de l'exploitation massive du pétrole sur le reste de son économie. Il y avait tout lieu de s'attendre à ce que ce secteur naissant draine les investissements, les travailleurs et les autres ressources du pays, au détriment d'autres secteurs déjà bien établis, surtout dans le contexte de plein emploi que connaissait alors la Norvège.

66. Cette section est basée, en bonne partie, sur l'article de Dystein Noreng, écrit dans la foulée des décisions gouvernementales, «La politique pétrolière de la Norvège», *Politique étrangère*, 1974, vol. 39, p. 223 et suivantes.

Le gouvernement norvégien comprit immédiatement qu'un développement rapide de l'industrie pétrolière et du gaz risquait de causer une surchauffe de l'économie du pays et une forte inflation qui réduirait les retombées effectives de cette ressource pour les citoyens, ce qui pourrait se traduire par une opposition populaire marquée à l'exploitation de cette ressource. Il engagea donc rapidement une réflexion sur la meilleure façon de structurer le développement de l'industrie pétrolière pour son pays.

Lorsque le gouvernement commença ses travaux, l'industrie pétrolière au large des côtes de la Norvège ne s'était pas encore mise en place. La découverte des premiers gisements de pétrole remontait 1967, quelques années seulement auparavant. Six ans plus tard, l'industrie en était encore à ses balbutiements. Au lendemain de la première crise du pétrole, toutefois, on sentait la volonté des pays développés de diversifier leurs sources d'approvisionnement. En juin 1974, deux analyses furent déposées au Parlement par le ministère de l'Industrie et celui des Finances, qui traitaient des défis reliés à l'exploitation d'hydrocarbures sur le plateau continental et aux perturbations économiques et politiques découlant de cette activité. Ces documents et les décisions qui furent prises par la suite firent, bien sûr, l'objet de débats et de vives polémiques tant au Parlement que dans l'opinion publique – le contraire aurait été surprenant –, mais ils assurèrent une base démocratique solide à ce développement.

Comment gérer les revenus

Dès le début, la Norvège comprit qu'elle devait avant tout miser sur l'exportation de ses ressources. On prévoyait alors atteindre, en quelques années, une production annuelle combinée, gaz et pétrole, de 60 millions de tep[67], dépassant de 500% les besoins du pays. La valeur de cette importante production, estimée à environ 20 milliards de couronnes (3,6 milliards $US de 1974), risquait donc de déstabiliser une économie dont le produit national brut atteignait seulement 109 milliards de couronnes (19 milliards $US).

67. Ce niveau de production prévu initialement pour 1977 ne fut atteint qu'en 1985. Pour comparaison, la production combinée canadienne s'élève aujourd'hui à 300 millions de tep.

Dès le début, le gouvernement norvégien requit qu'au moins 60% de ces revenus reviennent à l'État, de manière directe (redevances et profits) et indirecte (impôts et dépenses locales). Ainsi, comme les chantiers navals de la Norvège produisaient déjà des plateformes de forage et autre équipement destiné à l'industrie pétrolière du reste du monde, on pouvait s'attendre à ce qu'une fraction importante des achats d'équipement et des contrats d'entretien se fasse localement et génère des retombées additionnelles considérables.

Face à une perspective de croissance économique rapide moussée par une injection considérable d'argent dans l'économie du pays, le gouvernement prédit une pénurie de main-d'œuvre généralisée causant une inflation qui aurait pour effet de déstabiliser les secteurs de production du pays; les prix sur les activités sans concurrence seraient appelés à augmenter considérablement, diminuant du même coup la compétitivité des secteurs ouverts à la concurrence étrangère. L'effet à long terme serait donc de réduire la diversité économique du pays, recentrant celle-ci sur l'industrie pétrolière et affaiblissant la position norvégienne dans les autres secteurs industriels et technologiques.

Le défi du gouvernement de l'époque était donc de s'assurer que la population pourrait bénéficier de la manne pétrolière tout en limitant l'impact négatif de cette rente sur la structure économique et sociale du pays. On évalua, par exemple, le bien-fondé de baisser les impôts des particuliers. Favorisant la consommation privée tournée en grande partie vers des biens importés, une telle mesure aurait pu avoir un impact moindre sur l'inflation que des investissements gouvernementaux. On rejeta finalement cette solution, justifiant que l'accroissement du niveau de vie s'accompagne également d'une augmentation de la demande de services qui, eux, doivent être fournis localement, causant une augmentation de la demande en main-d'œuvre locale. Pas moyen, donc, d'éviter cette question de la main-d'œuvre. Puisque le gouvernement norvégien refusait d'ouvrir les portes de son pays à l'immigration massive, ce qui aurait pu éviter ces pénuries, il devait donc, en plus des contrôles imposés directement sur l'industrie des hydrocarbures, mettre en place les mesures nécessaires afin de favoriser une plus grande participation de la population au marché du travail. Comme on peut le constater, la Norvège a fait ses devoirs très sérieusement.

Une exploitation contrôlée

Puisque les ressources naturelles ne disparaîtraient pas du jour au lendemain, il n'y avait aucune raison de favoriser une exploitation à un rythme accéléré. Au contraire, une telle approche créerait à la fois de plus fortes perturbations sociales et économiques tout en réduisant la longévité de cette industrie. Pour un pays développé qui n'a pas besoin du pétrole pour boucler son budget, ce scénario s'apparente à la création inutile d'une bulle économique dont on sait, à l'avance, que la sortie sera très douloureuse. Mais ce ne furent pas les seules raisons qui poussèrent la Norvège à opter pour un développement contrôlé et modéré de cette industrie. Comme le souligne Noreng, la population désirait également protéger l'environnement et le secteur des pêches, qui représente une activité économique très importante pour les régions côtières du pays. Une exploitation à un rythme modéré devait limiter les risques causés par le recours à des sociétés possédant une expertise plus faible ou à une main d'oeuvre moins bien formée, assurant une meilleure qualité des travaux d'exploration et d'exploitation.

Il n'est pas facile de contrôler une industrie de l'extérieur, même en disposant d'une armée d'inspecteurs. Seule une participation directe de l'État dans les opérations elles-mêmes pouvait garantir le développement espéré. Comprenant ses responsabilités, le gouvernement norvégien décida donc d'imposer, dès 1974, une participation étatique d'au moins 51% sur toutes les concessions accordées à partir de cette date, via une nouvelle société d'État, la Statoil, et toutes les phases d'opération, incluant l'exploration, la production, le traitement, l'exportation et la commercialisation. L'approche norvégienne permettait de préserver l'accès à l'expertise et aux réseaux des grandes pétrolières privées tout en maintenant le contrôle de l'État. On évita ainsi la nationalisation, pourtant très en vogue à l'époque, qui aurait privé l'État du savoir-faire des multinationales tout en laissant une fraction très importante des bénéfices du pétrole et du gaz naturel, qu'il s'agisse de redevances ou de profits, à l'État.

Le plan initial, implanté en 1974, autorisait donc les compagnies privées, norvégiennes et étrangères, à mener l'exploration et à participer à la production, sans priver entièrement le gouvernement des droits d'exploitation. Ce faisant, la Norvège inséra la gestion fine de ces ressources naturelles à l'intérieur des institutions démocratiques, plutôt que de laisser la voie libre à l'entreprise privée. Contrairement à ce qu'on a vu dans d'autres pays, comme le Venezuela, la Norvège n'agit pas ainsi afin de lutter contre la mainmise extérieure de ses ressources, ni par idéologie anticapitaliste. Le gouvernement ne s'inquiétait pas de savoir qui, de l'État ou du privé, est préférable idéologiquement, mais plutôt quelle structure de contrôle et de propriété optimiserait les bénéfices pour la Norvège et ses citoyens. Les résultats de cette réflexion menèrent à la mise en place d'un modèle hybride, jouant à la fois sur les forces du public et du privé. Cette solution semble avoir porté fruit, comme on le verra ci-après, mais elle n'est pas sans risques puisque les citoyens, via leur société d'État, doivent assumer une partie des coûts d'exploration et d'exploitation.

Que faire avec les revenus du pétrole?

Même en limitant l'exploitation du pétrole, les revenus générés par cette industrie risquaient de déstabiliser complètement la structure sociale de la Norvège. Pas question, pour ce pays, on l'a vu, d'éliminer les impôts et de vivre, au jour le jour, des revenus du gaz naturel et du pétrole. C'eût été s'exposer à la «maladie hollandaise», qui tire son nom de l'effondrement de l'industrie manufacturière aux Pays-Bas causé par la surchauffe économique associée à l'exploitation à grande échelle des gisements de gaz naturel dans la mer du Nord. Puisque les ressources naturelles appartiennent aux Norvégiens, non pas à un instant donné, mais à travers les âges, on ne pourrait accepter, non plus, qu'une seule génération en bénéficie. La Norvège décida donc qu'elle ne toucherait pas à un sou des bénéfices directs de l'exploitation des hydrocarbures, mais que ceux-ci seraient investis dans des placements à long terme à l'étranger. Car l'ampleur des sommes recueillies dépassait de beaucoup la capacité d'absorption de la Norvège, surtout dans un contexte d'investissements majeurs dans le développement de l'industrie pétrolière locale.

Pour ce faire, elle créa, en 1990, le Fonds pétrolier de la Norvège, dont le but est de protéger l'économie norvégienne de l'afflux massif de revenus. Tout l'argent provenant des activités reliées au pétrole, qu'il s'agisse de redevances, de dividendes ou de revenus de permis, sont remis au Fonds qui investit ces sommes à l'étranger en utilisant diverses approches relativement conservatrices, mais nécessaires, vu l'ampleur des sommes en jeu[68]. Aujourd'hui, riche de 2385 milliards de couronnes (400 milliards de dollars), ce fonds d'investissement est le deuxième plus gros au monde. Le gouvernement, qui ne peut toucher au capital investi, retire toutefois les revenus de placement qui se montent, sur une base annuelle, à environ 16 milliards de dollars, soit près de 4000$ par citoyen, ce qui représente aujourd'hui une fraction importante du budget de l'État.

40 ans plus tard

Où en est la Norvège, 40 ans plus tard? Avec quelques adaptations, le modèle a survécu à de nombreuses crises économiques, aux pics de prix des années 1970 et 2000 et, beaucoup plus difficile à gérer, à la longue période de prix plancher, entre 1985 et 2002, qui remit en cause l'importance des investissements de l'État. Le modèle résista également à la phase socialiste des années 1970, aux divers gouvernements conservateurs et aux pressions néo-libérales considérables de la Commission européenne.

La politique proposée en 1974 fut toutefois révisée au milieu des années 1980. On décida alors de scinder en deux les licences d'exploitation détenues par Statoil sur le plateau continental. La moitié restait aux mains de la société d'État et l'autre serait remise à une nouvelle entité appelée Intérêt financier direct de l'État (Statens direkte økonomiske engasjement (SDØE)) dont les intérêts furent

68. Daniel Gross, «Avoiding the oil curse. What Norvay can teach Irak», *Slate*, 20 octobre 2004. http://www.slate.com/id/2108873

initialement gérés par Statoil puis, en prévision de la privatisation partielle de celle-ci, depuis 2001, par la société Petoro. À la suite de cet arrangement, Statoil, bien que toujours société d'État, devint libre de ses investissements, alors que l'État pouvait continuer à s'impliquer directement en fournissant sa part d'investissements et de frais d'exploitation et en recevant, en contrepartie, une part correspondante des revenus. Pour autant, on n'abandonnait pas les principes fondamentaux énoncés en 1974. Ainsi, en 1989, 20 ans après la découverte du gigantesque gisement d'Ekofisk, les politiques gouvernementales originales assuraient toujours que 80% de la valeur générée par l'industrie pétrolière et gazière revienne à l'État[69], un pourcentage remarquable quand on compare avec ce qui se fait ailleurs, même dans le monde développé, et qui se maintient aujourd'hui.

Dans ce système amélioré, c'est au moment d'accorder de nouvelles licences que le ministère du Pétrole et de l'Énergie décide de la part qui sera réservée à SDØE, en fonction du potentiel de rentabilité de chacune des licences. Il s'agit de garantir à l'État le maximum de revenus provenant de cette ressource, tout en minimisant ses risques. En janvier 2008, la valeur du portefeuille de SDØE dépassait 800 milliards de couronnes (140 milliards $). Avec un retour autour de 10%, la SDØE devrait rapporter 81 milliards de couronnes à l'État norvégien en 2010. Malgré la privatisation de l'économie observée à travers la planète et vécue également en Norvège, l'État reste un joueur clé de ce secteur (voir l'encadré *Une histoire de géant: Statoil*)[70] et le gouvernement continue, par la création de holdings où l'État prend un intérêt financier direct, à s'impliquer dans les grands gisements ou dans ceux qui présentent un fort potentiel de rentabilité, par l'intermédiaire de la société d'État Petoro, qui gère ses droits suivant les objectifs du gouvernement et du Parlement, et de la multinationale Statoil, dans laquelle l'État maintient une participation majoritaire.

---

69. *Successful oil and gas policy*, discours prononcé par Kjell Pedersen, PDG de Petoro AS dans le cadre de la conférence 2010 de l'ONS. http://www.petoro.no/getfile.php/Filer/eng/KP-ONS2010talen.pdf
70. Voir, par exemple, la section pétrole et gaz du site du ministère norvégien du Pétrole et de l'Énergie. http://www.regjeringen.no/en/dep/oed/The-Ministey/

UNE HISTOIRE DE GÉANT: STATOIL

La société Statoil fut créée en 1972 dans le but d'assurer à l'État norvégien le contrôle du développement des ressources pétrolières découvertes à la fin des années 1960 sur le plateau continental norvégien[71]. À la suite de l'adoption des Dix commandements pétroliers par le Parlement norvégien, Statoil a reçu le contrôle majoritaire de toutes les opérations d'exploitation de pétrole au large des côtes. La société d'État ne s'est pas contentée d'extraire les hydrocarbures. Dès 1973, elle s'établit dans le secteur de la pétrochimie et de la transformation, puis, au début des années 1980, dans la distribution aux consommateurs par sa propre chaîne de stations-service présente en Norvège, bien sûr, mais également en Suède et au Danemark. La société d'État est ainsi devenue une multinationale publique, en concurrence directe avec les grandes pétrolières du reste de la planète tout en agissant, à l'intérieur de la Norvège, comme un régulateur de l'industrie sous les ordres du gouvernement.

Ce double emploi n'étant pas facile à gérer, et Statoil jouant un rôle trop important dans l'économie norvégienne, avec les risques toujours possibles d'une dérive politique, le gouvernement a décidé, en 1984, de transférer le rôle de régulateur et de surintendant de Statoil à la société Petoro, une structure ultra légère – 60 employés seulement –, à qui il a remis la responsabilité des aspects commerciaux reliés à l'implication directe de l'État dans le secteur du pétrole, mais toujours en étroite relation avec la pétrolière norvégienne.

Au début des années 2000, après une décennie où les prix du pétrole s'étaient maintenus à un niveau très faible, le gouvernement a opté pour privatiser partiellement Statoil, afin d'attirer de nouveaux capitaux, de permettre à la compagnie de diversifier ses investissements en s'impliquant dans l'exploration et la production de pétrole hors de ses frontières et d'éviter les effets désastreux sur son économie d'une baisse marquée des activités liées à l'exploration et à l'exploitation du pétrole, tout en préservant un contrôle majoritaire de la nouvelle entité. Sans surprise, cette initiative fut l'objet d'un important débat de société, mais obtint le soutien du parti travailliste de même que d'une partie du monde syndical.

Aujourd'hui, après sa fusion, en 2007, avec la division gaz et pétrole de Norsk Hydro, Statoil demeure l'acteur dominant des activités pétrolières sur plateau continental norvégien, avec 60% de la production totale. Société à capital ouvert, mais dont 62,5% des actions sont toujours détenues par le gouvernement, elle est aussi de plus en plus présente à l'étranger, entre autres au Brésil en partenariat avec Petrobras, dans le golfe du Mexique ou dans les sables bitumineux de l'Alberta. En parallèle avec ces activités en amont, Statoil dirige également plusieurs réseaux de stations-service dans les pays scandinaves ainsi qu'en Irlande, en Pologne, en Russie et dans les pays baltes. Avec 28740 employés et des profits de plus de 17 milliards de couronnes en 2009, Statoil demeure le fleuron de l'économie norvégienne.

---

71. Dag Harald Claes, *Statoil – between Nationalisation, Globalisation and Europeanisation*, Rapport numéro WP 34/2002, ARENA (2002). http://www.arena.uio.no/publications/wp02_34.htm

Que retenir?

Le modèle norvégien a su résister, en grande partie, à toutes les pressions depuis près de 40 ans, tout en continuant de fournir une quantité importante de ressources énergétiques à l'économie mondiale. Avec 4,6 millions d'habitants, ce pays est aujourd'hui le deuxième pays exportateur de gaz naturel et le septième pays exportateur de pétrole, en plus de figurer régulièrement au premier rang mondial en termes de qualité de vie. Grâce à des mesures qui permettent à l'État de récupérer plus de 75% des revenus pétroliers et à l'investissement de ceux-ci dans des placements à long terme, les hydrocarbures continueront de soutenir encore longtemps les généreux programmes sociaux qui profitent à tous les Norvégiens.

Aujourd'hui, contrairement à la Grande-Bretagne, par exemple, la Norvège est prête à faire face à la chute fulgurante de production de pétrole observée en moins d'une décennie. Après avoir atteint un sommet de production de pétrole en 2001, avec 162 millions de tep, la production ne dépasse guère, neuf ans plus tard, 108 millions de tep, et la baisse est inéluctable[72]. Pour le moment, celle-ci est compensée, en partie, par une augmentation considérable de la production de gaz naturel, qui est passée, sur la même période, de 49 Mtep à 93 Mtep, ce qui a permis de préserver plus de 140000 emplois reliés directement à l'exploitation des hydrocarbures. Les importants revenus d'investissements, couplés à un régime de taxation élevé et de redistribution de la richesse unique au sein des grands producteurs de pétrole, incluant des territoires comme le Texas et l'Alberta, mettent donc ce pays à l'abri d'un effondrement social lorsque les ressources pétrolières et gazières viendront à faire défaut. La Norvège, selon l'ONU, apparaît décidément comme «le plus meilleur pays au monde».

72. *BP Statistical Review of World Energy*, 2010.

Chapitre 11

LE MODÈLE ALBERTAIN

Restons, pour comparer, dans un pays qui fait également partie du palmarès de l'ONU en termes de qualité de vie, le Canada, plus précisément, dans une province de celui-ci, l'Alberta. Située juste à l'est des Rocheuses, dans les prairies du Canada, cette province offre un contraste intéressant avec la Norvège, car les deux juridictions se ressemblent sous de nombreux aspects : elles possèdent des ressources hydrocarbures considérables, une économie développée et une population relativement faible qui ne peut consommer qu'une fraction négligeable de la production locale, ce qui les force à s'orienter avant tout vers l'exportation et les démarque de la situation américaine, britannique ou russe, par exemple.

Alors que la découverte de pétrole et de gaz remonte aux années 1960 dans le cas de la Norvège, l'exploitation des hydrocarbures albertains a commencé avec le gaz naturel presque 50 ans plus tôt, au début du XXe siècle. Un fermier d'une vallée au sud-ouest de Calgary, William Herron, découvrit les premières réserves exploitables de la province vers 1911[73]. Ce gisement, celui de la Turner Valley, attira rapidement les spéculateurs, mais, faute de moyens pour acheminer ce gaz vers les marchés canadiens et américains, l'intérêt retomba en quelques années et près de 90% du gaz qui s'échappa des puits forés fut finalement brûlé sur place.

Pendant que les gazières se désintéressaient de la Turner Valley, un ingénieur, Robert Brown, poursuivait néanmoins son exploration de la région, convaincu que du pétrole gisait sous les nappes de gaz. Son intuition fut récompensée et, au début des années 1930,

---

73. Une partie de cet historique est basée sur les travaux du Applied History Research Group de la University of Calgary. http://www.ucalgary.ca/applied_history/tutor/calgary/oil.html

la Turner Valley vécut enfin son âge d'or, avec plus de 70 puits en exploitation vers 1940. Cette époque faste ne dura pas, toutefois, et la production commença à péricliter dès 1945. Quoi qu'il en soit, on savait maintenant que le pétrole existait sous ces riches terres et la prospection ne tarda pas à livrer la marchandise avec, en 1947, la découverte de l'immense gisement de Leduc, au sud d'Edmonton, puis de celui de Pembina, alors la plus grosse réserve de pétrole du Canada. Dès le milieu du XXe siècle, la province s'établit comme une puissance énergétique nord-américaine : des dizaines de compagnies américaines et britanniques achetèrent des droits d'exploration et d'exploitation et se mirent au travail. C'est ainsi qu'est née l'Alberta que nous connaissons aujourd'hui, qui attire vers elle une fraction importante des investissements dans le secteur de l'énergie et des immigrants qui atterrissent dans les Prairies canadiennes.

Au début des années 1950, la production de gaz naturel et de pétrole était encore contrainte par les difficultés de transporter ce combustible vers les marchés naturels du Midwest et des côtes américaines. Entre 1923 et 1940, les grandes pétrolières multinationales avaient construit des infrastructures de raffinage et de transformation sur place pour usage local. Ainsi, Imperial Oil, la filiale canadienne de l'American Standard Oil of New Jersey, en 1923, et British American Oil, en 1939, construisirent chacune une raffinerie. Cette solution s'avéra bientôt insuffisante, car les capacités de production dépassèrent rapidement ce que pouvait consommer la société albertaine de l'époque. C'est la construction, dans les années 1950, d'oléoducs menant aux marchés de la Colombie-Britannique et de l'Ontario (rejoignant également Superior au Wisconsin et, en 1963, Buffalo dans l'État de New York), de même que de gazoducs allant vers les mêmes marchés, qui permit finalement l'explosion de la production des années 1960[74].

L'ère Peter Lougheed

Durant ces années, le développement de l'industrie pétrolière et gazière en Alberta suivit le modèle mondial établi dans la première

74. Tiré de la section historique du site corporatif de la compagnie Enbridge.

moitié du siècle dernier : partout, les États colonisés cédaient l'essentiel de leurs droits sur les grands gisements à une poignée de multinationales basées pour l'essentiel aux États-Unis et en Grande-Bretagne. Au début des années 1960, toutefois, avec l'émiettement des grands empires, l'accession à l'indépendance de nombreux pays et la montée de l'idéologie communiste soutenue par l'URSS, de nombreuses anciennes colonies décidèrent de prendre leur économie en main dans le but de conserver au pays une partie des profits indécents des grandes multinationales et de dégager des budgets suffisants pour répondre aux demandes des citoyens. Pour faire face au cartel britannico-américain, ces pays se réunirent sous la bannière de l'Organisation des pays producteurs et exportateurs de pétrole (OPEP), et, dans un premier coup d'éclat, augmentèrent brutalement et unilatéralement les prix du pétrole, causant, en 1973, la première grande crise pétrolière mondiale.

Trop proche des États-Unis, il n'était pas question pour l'Alberta de joindre ce mouvement. La province ne put ignorer la vague de prise de contrôle des ressources naturelles, toutefois, et le premier ministre conservateur de l'époque, Peter Lougheed, emboîta le pas en imposant une série de mesures dans le but de préserver une partie plus importante des revenus du pétrole pour la province et ses citoyens et de faire profiter ces derniers de l'augmentation des prix. Il suivit, pour ce faire, les politiques adoptées par les autres pays producteurs de pétrole et de gaz naturel, augmentant les redevances payées par les sociétés pétrolières et gazières et resserrant les contrôles. Suivant l'exemple des pays du golfe Persique, et bien avant la Norvège, ce gouvernement, pourtant conservateur, désirait également contrôler plus activement ses ressources tout en redistribuant une partie des revenus aux générations futures. C'est ainsi que Lougheed créa, en 1976, le Alberta Heritage Trust Fund, dont la mission était « d'offrir la gestion prudente des économies provenant des ressources non renouvelables de l'Alberta en cherchant un rendement maximal sur ces économies pour le bien des générations actuelles et futures d'Albertains ». Si, à sa création, le fonds devait recevoir un pourcentage fixe des revenus provenant des matières premières, l'indiscipline des gouvernements subséquents fit que les transferts au fonds cessèrent dès 1986 et, aujourd'hui, le Alberta Heritage Trust Fund, créé il y a 35 ans, stagne à 20 milliards $. Ses revenus annuels sont entièrement absorbés par le budget de la province et servent à payer pour l'éducation, les soins de santé et les infrastructures, compensant une taxation réduite, nettement inférieure à celle que l'on retrouve ailleurs au Canada. Sans croissance, la contribution du fonds au financement public diminue année après année, ce qui n'a pas l'air de déplaire aux Albertains qui ont maintenu le Parti conservateur au pouvoir depuis 40 ans.

Quand le fédéral s'en mêle

Mais l'Alberta n'est pas un territoire indépendant; membre de la Confédération canadienne, elle ne possède ni tous les pouvoirs de taxation ni les droits sur le commerce extérieur. Bien que les ressources naturelles soient de compétence provinciale, le gouvernement central du Canada ne put s'empêcher de lorgner vers ces ressources stratégiques pour l'ensemble du pays. Le premier vrai conflit entre l'Alberta et le gouvernement fédéral dans ce secteur remonte à la première crise du pétrole en 1973. Le gouvernement canadien de l'époque, dirigé par le libéral Pierre Elliott Trudeau, voyait alors d'un fort mauvais œil l'augmentation brutale des prix de l'énergie et son impact néfaste sur la base industrielle et commerciale du pays située majoritairement en Ontario et au Québec, alors même que le Canada exportait une fraction importante de son pétrole et de son gaz. C'était, selon Trudeau, le rôle du gouvernement fédéral d'empêcher ce genre de situation et de ramener au niveau fédéral le contrôle des ressources énergétiques du pays. Le Programme national de l'énergie, créé à la fin des années 1970, visait donc l'autosuffisance énergétique pour le Canada par l'établissement d'un contrôle sur le prix des ressources et la propriété nationale pour l'industrie des hydrocarbures.

Au-delà du désir de protéger la population, ce gouvernement voulait également mettre la main sur une partie des importants profits de cette industrie afin de renflouer ses coffres – les déficits fédéraux se multipliaient alors avec une ampleur toujours croissante et toute rentrée de fonds était bonne à prendre. Dans la foulée de sa politique énergétique, le gouvernement Trudeau institua donc, entre autres, une nouvelle taxe d'accise sur l'exportation des hydrocarbures et une taxe spéciale sur les sociétés pétrolières et gazières.

La réaction albertaine à cette politique fut violente, créant un ressac contre Ottawa qui se fait encore sentir aujourd'hui. Les Albertains considéraient que, les ressources minérales étant de juridiction provinciale, le gouvernement fédéral ne pouvait ni contrôler les prix ni dicter leur développement. En 1984, le Parti libéral fut défait et une des premières mesures du gouvernement conservateur de Brian Mulroney consista à abolir ce programme honni par l'Ouest du pays.

Les conséquences du Programme national de l'énergie furent, pour l'Alberta, de retourner vers la droite et de rejeter une partie de l'héritage de Peter Lougheed, en particulier le Fonds des générations. Forte de réserves de pétrole non traditionnel pouvant produire au rythme actuel durant encore plus de 700 ans, l'Alberta ne voit plus le besoin de prendre une participation active dans le développement de ses ressources fossiles ni de prévenir les distorsions économiques causées par les investissements massifs dans le secteur des hydrocarbures. État ouvert, l'Alberta préfère, et de loin, laisser les flux migratoires régler ses problèmes d'emploi plutôt que de limiter la croissance.

Le gouvernement albertain a donc adopté, en bonne partie, une position de rentier et tout l'argent des redevances est immédiatement intégré aux dépenses courantes de l'État. Un État qui se veut aussi petit que possible, dans une optique proche de celle du Texas, par exemple. Pas question, contrairement à la Norvège, d'utiliser ces ressources, qui appartiennent en principe à toute la population, pour offrir un filet social encore plus complet. Le mythe américain domine le côté plus égalitaire canadien dans cette province où tous les immigrants rêvent de faire fortune.

Les revenus pétroliers de l'Alberta

Cette optique ne devrait pourtant pas empêcher l'Alberta de récolter les royautés qui lui reviennent. Or, depuis longtemps, les critiques affirment que les Albertains ne reçoivent pas leur juste part des revenus générés par l'exploitation des hydrocarbures dans leur province. Ainsi, selon l'Institut Pembina, un important groupe environnemental canadien, alors que la Norvège s'assurait des redevances atteignant en moyenne 14,10 $ CAN le baril de pétrole entre 1995 et 2002 et que l'Alaska en récoltait 11,70 $ CAN durant la même période, les Albertains devaient se contenter d'à peine 4,30 $ CAN le baril. La rente pétrolière et gazière, qui a atteint 9,5 milliards $ en 2006, soit environ le tiers du budget de la province, aurait donc pu être deux ou trois fois plus élevée!

Ces chiffres, qu'on pourrait croire biaisés par l'orientation de l'Institut Pembina, furent confirmés en 2007 par une étude de la Commission royale albertaine de révision du système de redevances qui compare la part des revenus du pétrole et du gaz qui revient à la province et au fédéral à celle d'autres pays producteurs d'hydrocarbures. Les résultats, présentés à la figure 11.1, sont sans appel: dans tous les cas, l'Alberta se classe bonne dernière, récoltant jusqu'à 50% moins de revenus que la Norvège.

Pire, cette situation n'ira qu'en se détériorant: malgré des prix du pétrole élevés et une augmentation de la production des sables bitumineux, les revenus pétroliers et gaziers du gouvernement sont à la baisse. En effet, afin de favoriser le développement des sables bitumineux, l'Alberta a adopté, en 1997, un régime de redevances encore plus favorable à cette industrie qu'à celle du pétrole et du gaz traditionnels, avec un taux de 1% sur les revenus bruts, jusqu'à ce que les investissements soient totalement recouvrés, puis, un taux de seulement 25% sur les revenus nets des sociétés (revenus moins 100% des coûts en capital, infrastructures et opération), sans égard à la valeur du produit lui-même. Cette politique peut laisser les pétrolières avec des profits très élevés par rapport à leurs investissements lorsque les prix du pétrole sont élevés, comme c'est le cas depuis 2007. Avec le régime actuel et les avantages accordés au secteur des sables bitumineux, les redevances du secteur pétrolier et gazier au gouvernement albertain devraient baisser significativement d'ici quelques années pour s'établir à 5,5 milliards $ en 2016, à mesure que les puits traditionnels s'assèchent et que l'industrie se tourne vers les sables bitumineux. Voilà qui n'augure pas très bien pour la plus riche province du Canada.

L'Alberta, province éminemment canadienne

La différence entre les modèles albertains et norvégiens est énorme. Dans le premier cas, c'est la mentalité du Far West qui domine : l'individu solitaire ayant quitté son clan pour chercher fortune dans un territoire peu peuplé et dur et qui ne peut compter que sur lui-même. C'est aussi un gouvernement toujours en devenir. La province, après tout, n'a été créée qu'en 1905 par le gouvernement fédéral qui gérait jusqu'alors le territoire à partir d'Ottawa. Dans un contexte où tous les citoyens, ou presque, se décrivent comme venus d'ailleurs, il n'est pas surprenant que le modèle exclusivement privé adopté par les Américains et les Britanniques domine. Au-delà du mythe et des préjugés, toutefois, la gestion albertaine de ses ressources s'inscrit dans la mentalité colonisée qui domine encore l'ensemble du Canada par rapport à la mère patrie anglaise, mais aussi vis-à-vis du voisin américain. Cent quarante ans après la fondation du pays, ce syndrome perdure au Canada dans le secteur des hydrocarbures, bien sûr, mais aussi, globalement, dans tous les secteurs basés sur l'exploitation des matières premières. Aucun territoire, fédéral ou provincial, n'a réussi à maintenir, sur une longue période, la mainmise sur ses ressources naturelles, à l'exception, réelle, mais inusitée, de l'hydroélectricité.

Ex-colonie britannique qui n'a pas eu à s'affranchir dans la violence, le Canada n'a jamais réellement atteint la pleine maturité politique. Encore aujourd'hui, son élite persiste à penser le pays dans une optique de soumission surtout par rapport aux États-Unis. L'Alberta n'est pas une anomalie ; elle représente fidèlement l'âme canadienne. Celle-ci, construite sur l'imaginaire d'un espace infini, ne craint pas la pénurie. Les ressources seront toujours disponibles et abondantes et il suffira, pour le plus fort, de se baisser et d'en ramasser les fruits. Pourquoi, dans ce cas, faire des provisions ou s'assurer d'un développement contrôlé et programmé des ressources? Pourquoi refuser d'importer la technologie et d'exporter une grande partie des profits si les emplois, généralement bien payés, sont toujours là?

Le contraste est grand avec la Norvège, un pays au passé complexe, tissé serré, construit autour d'une pensée calviniste austère et collective et qui admet difficilement l'étranger. Cette culture accepte sans réticence que l'on agisse pour le bien de l'ensemble en brimant le droit individuel à l'enrichissement ou en mettant de côté, pour les générations futures, les gains acquis grâce à l'effort et à l'ingéniosité de la génération actuelle. Ainsi, alors que les Norvégiens ont réussi à préserver leur fonds intergénérationnel, les Albertains n'ont su résister et ont préféré vivre au jour le jour, laissant à leurs descendants le soin de s'occuper d'eux-mêmes. Pas dans un «après moi, le déluge», mais plutôt dans une optique de responsabilité individuelle qui permet, par exemple, à cette société d'immigrants de ne pas craindre la surchauffe économique, celle-ci offrant plutôt l'occasion aux étrangers de profiter eux aussi de cette manne en s'installant dans une province qui leur ouvre les bras sans arrière-pensée. Et puis, au rythme où le pétrole des sables bitumineux est exploité, les Albertains pourront continuer à profiter de généreuses redevances durant près d'un millénaire. Il n'y a donc pas de raison de commencer à planifier dès maintenant l'économie de l'après-pétrole dans ce territoire.

Il ne faut probablement pas exagérer ces considérations sociologiques. Après tout, les modèles norvégien et albertain présentaient de nombreuses similarités au début des années 1970. Ceux-ci, toutefois, ont évolué dans un contexte politique presque diamétralement opposé, qui a également facilité la divergence des modèles sur 35 ans. Pour l'Alberta, le rejet du Programme national de l'énergie imposé par Trudeau a fait bifurquer la province vers une droite réactionnaire et profondément antigouvernementale.

FIGURE 11.1

Pourcentage des revenus nets versés aux gouvernements et aux propriétaires de ressources hydrocarbures par les pétrolières (en haut) et par les gazières (en bas)

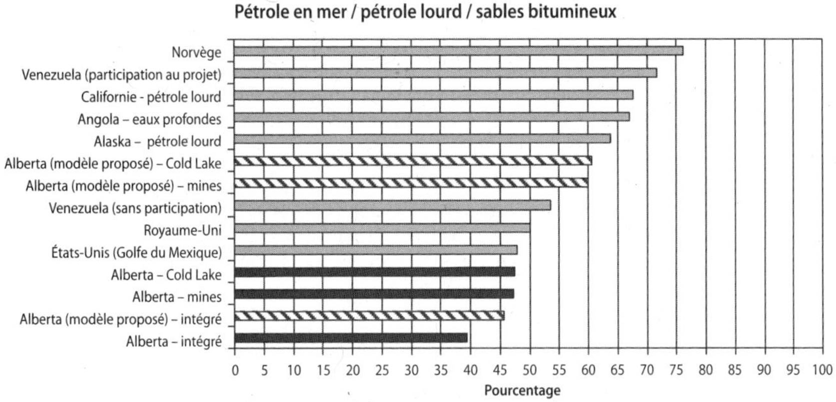

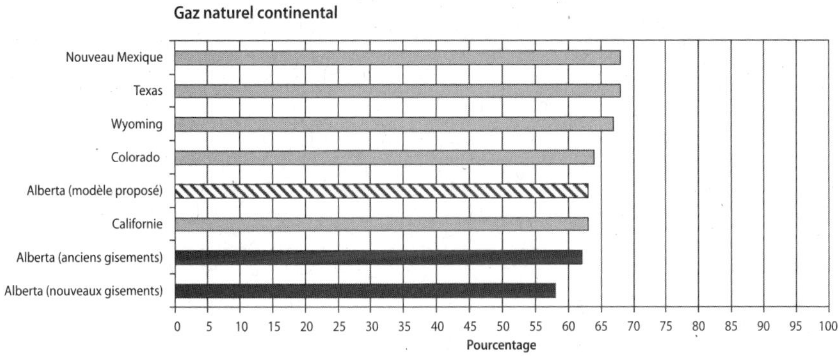

On voit que l'Alberta fait partie des territoires qui récupèrent la plus petite proportion de la valeur des hydrocarbures prélevés dans leur sous-sol. La ligne hachurée indique la proposition de la Commission royale albertaine de révision du système de redevances. Ces changements, refusés par le premier ministre Stelmach qui avait commandé ce rapport, laissaient tout de même la province dans le peloton de queue en termes de redevances.
Source : William Hunter et coll., *Our fair share: Report of the Alberta Royalty Review Panel*, 2007, p. 25 et 27

LA VOLTE-FACE D'ED STELMACH

En octobre 2007, dans la foulée du rapport d'un comité formé par le gouvernement albertain pour étudier la question des redevances pétrolières et gazières, le premier ministre fraîchement élu[75], Ed Stelmach, annonce que l'Alberta augmentera les redevances sur les hydrocarbures de 20% au cours des deux années à venir. Stelmach prévoit alors que cette augmentation rapportera annuellement environ 1,4 milliard $ de plus à l'État soit, en incluant le déplacement de la production du pétrole conventionnel vers le pétrole des sables bitumineux, une augmentation nette des rentrées gouvernementales d'environ 15%.

Immédiatement, l'industrie pétrolière et gazière la mieux traitée au monde monte aux barricades et déclare avec le plus grand sérieux que cette décision coûtera des milliards de dollars et d'innombrables emplois à l'Alberta. Pourtant, les changements proposés par Stelmach s'avèrent bien en deçà des recommandations du comité qui favorisait, entre autres l'introduction d'une surtaxe progressive prenant effet lorsque le prix du baril de pétrole atteindrait 40 $. Même avec la maigre augmentation annoncée par Stelmach, la part des revenus pétroliers revenant aux Albertains resterait, tel que reconnu par le comité albertain lui-même, dans le peloton de queue au niveau mondial.

Coup de théâtre, finalement, au début 2010. Après avoir subi pendant des mois les pressions de l'industrie et armorcé une première retraite en 2009, sous couvert de récession, le premier ministre Stelmach annonce finalement une volte-face sur ses maigres ambitions et le retour au régime bananier de l'époque de Ralph Klein, une démonstration massive de la force des pétrolières auprès du gouvernement. Pourtant, 58% des Albertains auraient même voulu que le premier ministre aille plus loin et seulement 36% approuvaient son recul[76].

Il s'agissait, selon Stelmach, d'éviter de détourner les investisseurs vers les territoires plus cléments de la Colombie-Britannique, de la Saskatchewan et du Texas qui, selon l'industrie pétrolière, offriraient des conditions plus favorables avec, pour preuve, la baisse des investissements dans la province en 2009. Rien à voir, bien sûr, avec la chute mondiale de la demande de pétrole qui avait accompagné la pire crise financière depuis la Grande Dépression.

Aujourd'hui, l'Alberta se retrouve à la case départ. Sous la coupe d'une industrie pétrolière omnipuissante, aucun gouvernement, depuis celui, héroïque, de Peter Lougheed au début des années 1970, n'a pu faire fi des pressions et défendre vraiment les intérêts des citoyens. La volte-face de Stelmach a fait reculer non seulement l'Alberta, mais le Canada tout entier, lequel n'a même pas eu le temps de s'appuyer sur cette décision pour reprendre le contrôle de ses ressources naturelles.

---

75. William Hunter et coll., *Our fair share: Report of the Alberta Royalty Review Panel*, 18 septembre 2007.
76. Gillian Steward, « Ed Stelmach raises white flag », *Toronto Star*, Toronto, 16 mars 2010. http://www.thestar.com/opinion/article/780298--steward-ed-stelmach-raises-white-flag

Dans le cas de la Norvège, le désir de préserver le contrôle sur ses ressources pétrolières n'est certainement pas étranger au refus, par deux fois, en 1972 et 1994, de joindre la Communauté européenne. L'idéologie dominante à Bruxelles, on le sait, favorise clairement le retrait de l'État de larges pans de l'économie européenne et le transfert des biens collectifs au privé. Pour la Norvège, dont l'économie dépend de manière importante du pétrole et du gaz naturel, l'entrée dans la Communauté aurait signifié une perte immense tant financière et économique que sociale alors que les gains à attendre étaient et restent beaucoup moins bien définis. Déjà, la Norvège a dû modifier ses pratiques et suivre les diverses directives de la Commission européenne afin de pouvoir bénéficier du marché commun. Alors que près de 70% des biens importés et exportés provenant ou se dirigeant vers l'Union européenne, la Norvège ne pouvait guère s'exposer à des barrières tarifaires ou autres. Le désir restait fort, toutefois, de se braquer contre cette Commission redoutée. Aussi, malgré ces contraintes et le biais de la Communauté européenne, malgré aussi les tendances mondiales à la privatisation des entreprises d'État, la Norvège a fait tout ce qu'elle a pu, en réorganisant ses structures de contrôle au début des années 2000, pour préserver presque intact son modèle de développement des hydrocarbures.

Quelles que soient les raisons, les deux modèles discutés ici proposent chacun à leur manière une vision cohérente de l'exploitation des ressources fossiles qui est acceptée et soutenue par les populations respectives. Un tel accord est essentiel pour qu'une industrie aussi dérangeante puisse prospérer librement. Or, malgré l'expérience de nombreux pays, les territoires qui s'ouvrent soudainement à cette industrie peinent à engager le nécessaire dialogue avec ses citoyens, afin d'établir des règles de développement en accord avec leurs valeurs fondamentales. Le développement rapide des gaz de shale en Amérique du Nord et en Europe risque donc de créer des perturbations importantes qui ne pourront être évitées que par un gouvernement à l'affût des changements. L'exemple présenté au chapitre suivant montre les dangers qu'il y a à ne pas s'y préparer.

Chapitre 12

LE CAS DU QUÉBEC

Pour des territoires ayant une longue expérience de l'industrie du gaz et du pétrole, comme le Texas et la Pennsylvanie, la révolution du gaz de shale en est une avant tout de technologie. Une fois sorti du sous-sol, ce méthane ne diffère en rien du traditionnel, et les lois qui encadrent l'exploitation des ressources fossiles s'appliquent dans ce cas comme dans les autres. Avec la multiplication des puits et la population qui commence à s'inquiéter au sujet des risques associés à cette nouvelle ressource, ces États réalisent maintenant que la nature même de cette technologie et des gisements exploités exige une attention particulière qui a fait défaut jusqu'à présent. Forts d'élus et de fonctionnaires déjà bien au fait de cette industrie, ils devraient pouvoir réagir rapidement à ces nouveaux défis.

L'exploitation des gaz de shale s'avère beaucoup plus difficile à gérer correctement pour les juridictions qui n'ont aucune expérience de l'exploitation du gaz et du pétrole. Et les gouvernements ne sont pas toujours prêts à accueillir correctement les sociétés d'exploration qui frappent à la porte. Au moment où de nombreux territoires, en Amérique du Nord et en Europe, s'apprêtent à connaître, pour la première fois, une ruée vers le gaz, le cas du Québec montre comment ils ne devraient pas procéder.

Le secteur minier

S'il n'a pas d'histoire de production de pétrole ou de gaz, le Québec possède quand même une longue expérience de l'exploitation de son sous-sol. La province est un immense territoire de 1,7 million de km^2 au sous-sol rempli de minéraux de toutes sortes. Sa tradition minière remonte au milieu du XIXe siècle, avec l'exploitation de l'or, du cuivre, du soufre et de l'amiante, surtout dans le sud du Québec, à proximité des grands axes de transport[77]. Avec la révolution industrielle, les besoins en minerai de toutes sortes explosent et les prospecteurs explorent la planète pour trouver les filons qui permettront de répondre à la demande. En 1880, afin de contrôler et de bénéficier de l'exploitation de ces ressources, le gouvernement prend possession, grâce à l'Acte général des mines de Québec, du sous-sol de la province et établit le régime des concessions. Au début du XXe siècle, le Québec se positionne comme un fournisseur important de matières premières, minerais et bois, pour la grande industrie américaine.

Si les ressources sont québécoises, les minières, elles, sont généralement contrôlées par des intérêts canadiens-anglais, américains et britanniques s'appropriant, dès le début, le développement minier. Cette situation perdure encore; elle s'est même amplifiée avec la vague des fusions-acquisitions observée au cours des 10 dernières années. Face à une industrie dominée par un nombre toujours plus petit de joueurs, le Québec a rarement su établir un véritable rapport de force et, de tout temps, les redevances nettes payées par les minières se sont maintenues à un niveau ridiculement bas. Confiant dans la quantité quasi illimitée des ressources du sous-sol de la province, les gouvernements qui se sont succédé à la tête du Québec ont systématiquement conçu leurs rapports avec ces sociétés d'un seul point de vue: pourvu que l'on crée des emplois, la destination des profits ne leur importait peu. Cette politique de colonisé s'est appliquée autant sous les gouvernements les plus nationalistes que fédéralistes, comme si les réserves du sous-sol, détenues par l'État, n'appartenaient pas, avant tout, à l'ensemble des Québécois, présents et futurs.

Aujourd'hui, avec la diversification de l'économie québécoise, le secteur minier a perdu sa place prépondérante et ne représente plus qu'environ 2,4% du PIB québécois, soit environ 7 milliards $, avec 36000 emplois directs et 16000 dans des entreprises connexes,

---

77. C'est avec l'inauguration des forges du Saint-Maurice, en 1734, que le Québec a commencé son activité sidérurgique basée sur l'exploitation du minerai de fer. On comprendra qu'à cette époque, il s'agissait d'une industrie dont la portée restait limitée.

pour un total d'environ 52000 travailleurs ou 1,4% des emplois au Québec. Malgré cela, les gouvernements successifs ont toujours refusé d'adopter la ligne dure face à une industrie qui n'hésite pas à agir de manière sauvage, disparaissant avec le minerai et laissant derrière elle des montagnes de déchets toxiques dont elle s'était pourtant engagée à disposer. Et le Québec ne tire, pour ainsi dire, que des miettes des profits plantureux de ce secteur, alors que les divers métaux se transigent à des taux records. Ainsi, en 2008-2009, les Québécois n'ont reçu que 31 millions$ des 6 milliards de revenus de l'industrie, soit un rendement de 0,5%, 25 fois plus faible que le taux de redevances pourtant en vigueur. Car la fiscalité minière québécoise est truffée d'exemptions, de régimes particuliers, de subventions directes et indirectes et d'étalements de dépenses qui font en sorte que les redevances ne s'appliquent, à la fin, que sur les quelques pièces oubliées dans le tiroir-caisse. Cette fiscalité se conjugue d'ailleurs avec une série d'exemptions importantes à l'application de la Loi d'accès à l'information en ce qui a trait aux rapports annuels des compagnies minières, aux redevances payées, aux travaux de restauration et bien informations pourtant importantes encore. En d'autres termes, il est presque impossible pour les citoyens de garder un œil sur les relations privilégiées entre cette industrie et le gouvernement[78].

Grâce à cette générosité, le Québec se classe troisième parmi les territoires les plus favorables à l'industrie minière dans le monde, derrière l'Alberta et la Finlande, mais bien devant les diverses provinces australiennes, la Colombie-Britannique, le Colorado et autres juridictions qui ne semblent pourtant pas avoir de problèmes à conserver une industrie minière dynamique. Alors que la plupart des observateurs considèrent qu'apparaître en tête de cette liste est plutôt une mauvaise nouvelle pour les citoyens, les politiciens québécois, tous partis confondus[79], se rangent plutôt du côté des

78. Jean Baril, «Industrie minière: un trou béant dans l'accès à l'information environnementale», *GaïaPresse*, 23 août 2010. http://www.gaiapresse.ca/fr/analyses/index.php?id=177

79. À l'exception notoire du Parti Québec Solidaire, dont le seul député, Amir Khadir, mène depuis quelques années une charge bien méritée contre le régime minier québécois.

chercheurs du Fraser Institute, une petite boîte néolibérale financée à même les impôts des Canadiens, qui croient que les ressources naturelles appartiennent, par la grâce de Dieu, uniquement au grand capitalisme international[80].

FIGURE 12.1

Historique de l'exploration gazière et pétrolière au Québec de 1950 à 2000

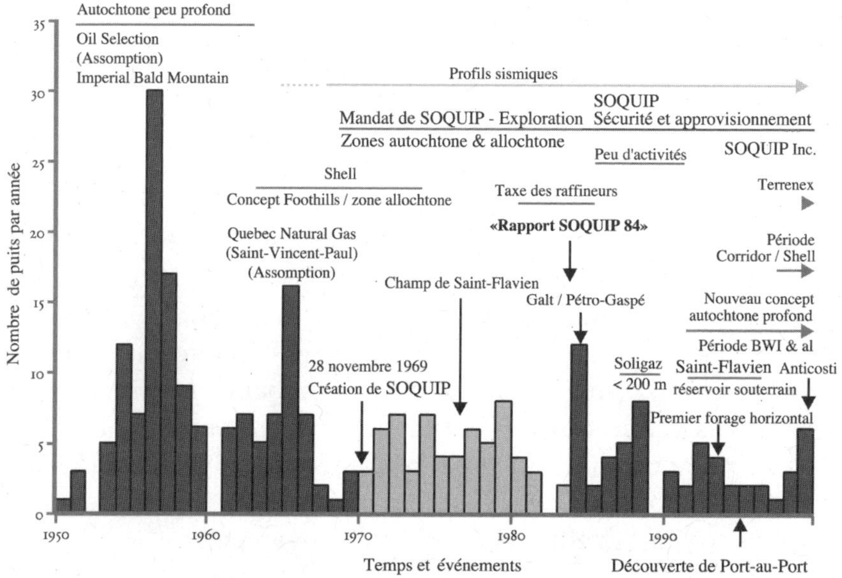

Cette activité peut paraître importante, mais elle est très faible par rapport à des territoires comme l'Alberta, la Colombie-Britannique ou le Texas, où l'on peut creuser plusieurs dizaines de milliers de puits par année.
Source : *Plan d'exploration pétrole et gaz naturel au Québec, 2002-2010*, Hydro-Québec, 2002, figure 11, p. 4

Pourtant, on avait bien cru que la victoire éclatante en 1962 du chef du Parti libéral Jean Lesage, lors d'une élection référendaire anticipée, déclenchée sous l'impulsion de René Lévesque, et portant uniquement sur la nationalisation de l'électricité, allait forcer les gouvernements à gérer les ressources naturelles du Québec de manière optimale au bénéfice de tous ses citoyens. Puisqu'aucune élection subséquente n'a demandé ni obtenu le droit de dilapider

80. F. MacMahon et M. Cervantes, *Survey of Mining Companies*, Fraser Institute, 2010.

ces ressources ni de céder les réserves de gaz et de pétrole pour une bouchée de pain au privé, la décision populaire de 1962 est encore valide et impose au gouvernement de conserver le plein contrôle sur les ressources collectives.

L'exploration des ressources d'hydrocarbures

Bien que le premier forage pétrolier au Québec, en Gaspésie, remonte à 1860, deux ans seulement après le puits du «Colonel» Drake, en Pennsylvanie, la première découverte importante se fait en 1955, avec le gisement de gaz naturel à Pointe-du-Lac, au nord du lac Saint-Pierre, ce qui relance les espoirs chez les sociétés d'exploration, mais aussi du côté gouvernemental. Ainsi, en 1963, dans la foulée de la nationalisation de l'électricité, la société d'État Hydro-Québec s'est également vu attribuer les permis d'exploration d'hydrocarbures couvrant l'estuaire et une partie du golfe du Saint-Laurent, c'est-à-dire le domaine marin québécois pour procéder, en 1970, en partenariat avec Texaco, à un premier forage dans le golfe du Saint-Laurent.

Ce n'est qu'à la fin des années 1960 que le gouvernement du Québec, sous Jean-Jacques Bertrand, décide de réellement promouvoir l'exploration des hydrocarbures en créant la Société québécoise d'initiatives pétrolières (SOQUIP), une société d'État dont le mandat était d'évaluer les ressources en hydrocarbures au Québec. On lui transfère les permis d'Hydro-Québec auxquels s'ajouteront, quelques années plus tard, les droits d'exploration détenus par Shell sur les basses-terres du Saint-Laurent. Commencent alors d'importants travaux de caractérisation du territoire par de vastes enquêtes sismiques qui mèneront, entre autres, à la découverte du gisement de gaz naturel de Saint-Flavien, au sud de Québec, le seul pouvant justifier une exploitation commerciale avec les technologies de l'époque. Aujourd'hui épuisé, ce gisement, tout comme celui de Pointe-du-Lac, sert pour l'entreposage souterrain du gaz naturel.

Les travaux d'exploration de la Soquip n'ayant pas produit les découvertes escomptées, la gestion du gaz naturel, plutôt que son exploitation directe, deviendra rapidement la préoccupation principale de la Soquip. En 1981, le gouvernement Lévesque permet à la Soquip et à la Caisse de dépôt et placement du Québec d'acquérir une participation majoritaire dans les deux principales sociétés de distribution de gaz naturel au Québec: Gaz métropolitain et Gaz Inter-Cité. Cela lui permettra de travailler à unifier ces deux compagnies et faire de Gaz métropolitain une entreprise d'envergure nationale. En parallèle, la Soquip participe également à des projets au plan canadien, par l'intermédiaire du consortium Soligaz, établi en 1986 en partenariat avec Gaz métropolitain, Alberta Natural Gas et le Groupe SNC, et dont elle possède 50% des actions. Soligaz avait pour but d'instaurer un système d'approvisionnement en butane et en propane via l'oléoduc de Pipeline Interprovincial[81]. À la fin des années 1990, la Soquip fut intégrée à la Société générale de financement, signant la fin d'une époque pro-active dans la gestion des approvisionnements en gaz naturel pour le Québec.

Au début du nouveau millénaire, alors que les prix mondiaux des hydrocarbures recommencent à bouger, après une décennie de prix plancher, l'intérêt pour l'exploration pétrolière et gazière au Québec reprend, après une dormance de près de 20 ans. Hydro-Québec, sous la direction d'André Caillé[82], propose donc, en janvier 2002, d'investir, sur une décennie, des sommes importantes afin de prendre le leadership dans le développement d'une industrie gazière et pétrolière au Québec. Cette proposition sera étoffée quelques mois plus tard avec la publication du *Plan d'exploration pétrole et gaz naturel au Québec, 2002-2010*.

S'appuyant sur des études géologiques remontant parfois aux années 1970, Hydro-Québec peut en effet espérer identifier quelques gisements importants dans l'estuaire et golfe du Saint-Laurent ainsi qu'en Gaspésie. La société d'État ne possède pas d'expérience directe dans le domaine, mais compte s'appuyer sur

81. Gaston Cholette, *La coopération économique franco-québécoise, de 1961 à 1997*, Presses de l'Université Laval, 1998, p. 222 et suivantes.

82. Aujourd'hui président de l'Association pétrolière et gazière du Québec et membre du conseil d'administration de Junex, une petite société très impliquée dans l'exploration des gaz de shale au Québec.

une expertise locale qui se trouve dans les centres de recherche et les universités québécoises, ainsi que sur celle de sociétés, telles que Gaz Métropolitain et Enbridge, dans lesquelles elle possède des participations. Surtout, elle perçoit son rôle comme celui d'un entremetteur. Par sa taille et son importance dans le secteur énergétique, elle compte attirer les grandes pétrolières et gazières qui disposent des capitaux et, surtout, de l'expertise nécessaire pour poursuivre l'exploration et entreprendre l'exploitation de ces ressources. Pour lancer ce projet, Hydro-Québec prévoit donc investir 30 millions de dollars par année et évalue que le projet dans son ensemble pourrait rapporter, selon les prévisions de l'époque, des investissements de quelques milliards entre 2002 et 2012.

On cible alors essentiellement la Gaspésie ainsi que le golfe et l'estuaire du Saint-Laurent, régions qui pourraient contenir des ressources de pétrole et de gaz traditionnels. On évoque brièvement, toutefois, les efforts de prospection de quelques sociétés dans les basses-terres du Saint-Laurent, «à la faveur de nouveaux concepts géologiques». Si Hydro-Québec n'est certainement pas convaincue, à l'époque, de la viabilité de ces concepts, elle se réserve le droit d'y prendre une participation si les projets s'avèrent prometteurs.

Le plan proposé par Hydro-Québec suit donc d'assez près l'exemple de la Norvège: la société d'État participerait, dès le début, au financement des activités d'exploration en s'associant avec des sociétés possédant l'expertise et retirerait donc une partie des profits qui viendraient s'ajouter aux redevances et impôts versés directement au gouvernement. Adopté en 2002 par le gouvernement nationaliste de Bernard Landry, ce projet sera mené par une nouvelle division d'Hydro-Québec: HQ Pétrole et Gaz.

Celle-ci ne durera guère, toutefois. Porté au pouvoir en 2003, le gouvernement libéral de Jean Charest rejette, sur une base idéologique, l'héritage de son prédécesseur, incluant le Plan d'exploration proposé par Hydro-Québec[83]. Une nouvelle stratégie énergétique est donc produite en 2006, qui élimine tout rôle

83. Jean-Claude Pomerleau, *Les Libéraux font main basse sur notre pétrole et notre gaz*, Vigile.net, 14 novembre 2008.

de coordination et de planification pour la société d'État. On se contente d'ouvrir bien grands les bras aux investissements privés et de mettre en place des structures fiscales généreuses qui les attireront. Dans la foulée de cette stratégie, le gouvernement de Jean Charest, par l'intermédiaire du nouveau PDG d'Hydro-Québec, Thierry Vandal, démantèle la division Pétrole et Gaz et offre à des compagnies privées, dont la plupart sont formées par d'anciens employés de la Soquip et d'HQ Pétrole et Gaz, sur un plateau d'argent, les permis d'exploration détenus durant plus de 40 ans par Hydro-Québec. Ainsi, en janvier 2008, Hydro-Québec se défait des 35 permis d'exploration, couvrant 400 km^2, sur l'île d'Anticosti, cédant ses droits à la société Pétrolia qui devient alors partenaire avec la société Corridor Resources. Ces permis furent cédés cinq ans à peine après la découverte de structures géologiques laissant croire à la présence de pétrole dans la région.

La révolution des shales gazifères

Ces revirements eurent relativement peu d'échos dans les médias et la population, déjà occupée par de nombreux dossiers énergétiques brûlants, dont le projet de construction d'une centrale au gaz inutile et coûteuse dans un contexte de lutte contre les changements climatiques et l'installation de deux ports méthaniers sur le fleuve Saint-Laurent, dont un à Rabaska, en face de l'île d'Orléans, près de la ville de Québec.

Malgré le retrait de l'État du secteur des hydrocarbures, la *Stratégie énergétique 2006-2015* qui reculait sur la filière gazière et annonçait à la place l'engagement de construire 4 000 MW d'éoliennes au Québec, sur 10 ans, fut accueillie avec soulagement par la population. Sous la pression populaire, le gouvernement mené par Jean Charest semblait s'engager réellement sur une voie verte. Les annonces officielles qui succédèrent à la présentation de la *Stratégie énergétique 2006-2015* ciblaient d'ailleurs avant tout le développement des ressources renouvelables, essentiellement hydrauliques et éoliennes, présentant des cibles ambitieuses de réduction de gaz à effet de serre basées sur l'efficacité énergétique et la conversion des secteurs économiques les plus gourmands vers l'électricité. Qui se préoccupait alors de la possibilité de produire des hydrocarbures? Cela faisait plus de 30 ans que les annonces de développement de cette industrie se succédaient sans aucun progrès réel.

Loin des grands centres pétroliers d'Amérique du Nord, ce n'est que lorsque la nouvelle de la viabilité du procédé de fracturation hydraulique fit la une des grands médias américains, dans la première moitié de 2008, que les Québécois découvrirent qu'ils étaient assis sur un immense gisement de gaz naturel qui devenait soudainement exploitable. Pour plusieurs, il ne s'agissait que d'un autre éléphant blanc, et on oublia rapidement le sujet, mais pas le gouvernement Charest, pour qui le gaz naturel était, depuis son élection en 2003, une véritable obsession.

Très près des petites sociétés d'exploration gazière et pétrolière installées au Québec, on l'a vu, celui-ci fut tenu au fait des avancées technologiques qui ouvraient le sud du Québec à l'exploitation rentable de cette ressource. Sans avertissement, le budget 2009-2010 prévoit donc l'instauration d'un congé de redevances de cinq ans sur la production de gaz naturel. Cette nouvelle passe presque inaperçue puisque la province ne dispose d'aucune industrie de la sorte. Or, un tel congé est un cadeau taillé sur mesure pour cette ressource non traditionnelle. Tout d'abord, le temps nécessaire pour le forage d'un puits de gaz de shale se compte en semaines et, une fois la phase d'exploitation lancée, le pic de production est atteint en quelques mois. Celle-ci décline rapidement et, après cinq ans, le rendement du puits est négligeable. Le congé de cinq ans revient donc à éliminer simplement le système de redevances pour le secteur des gaz de shale, en contradiction avec les projections gouvernementales qui prévoient des revenus de plusieurs centaines de millions de dollars tirés de l'exploitation de ces ressources.

En parallèle avec ces annonces, l'industrie s'est mise en place. Rapidement, selon les environnementalistes, mais à pas de tortue, comparé au Texas, à la Pennsylvanie et à la Colombie-Britannique : à la fin de 2010, seuls quelques puits d'exploration ont été forés. Mais le Québec n'est pas le Texas. Aguerris par la lutte contre la centrale du Suroît et les ports méthaniers de Gros-Cacouna et de Rabaska, les environnementalistes, menés par l'Association québécoise de lutte contre la pollution atmosphérique (AQLPA), une petite association à la capacité de réagir impressionnante, montèrent rapidement aux barricades. Cette lutte se mua bientôt en campagne totale lorsque les opposants au projet réalisèrent que l'empressement des sociétés d'exploration à forer bousculait le scénario gouvernemental qui ne prévoyait pas d'activité majeure avant la révision de la *Loi sur les mines* prévue pour la fin de 2010.

En effet, les annonces gouvernementales de 2009 soulignaient le caractère inadéquat de la *Loi des mines* pour encadrer le développement d'une industrie gazière dans la partie la plus peuplée du Québec. Le régime actuel laisse toute la latitude aux sociétés d'exploration pour prospecter et forer, sans aucun droit de regard pour les municipalités ou les citoyens concernés (voir l'encadré *La Loi sur les mines*). Puisque, contrairement aux États-Unis, ces derniers ne touchent aucune redevance pour l'exploitation de leur sous-sol, il fallait s'attendre à ce que leur niveau de tolérance aux perturbations causées par l'exploration et l'exploitation de ces ressources soit beaucoup plus faible que dans les États américains. Surtout qu'au moment même où l'industrie se mettait en branle au Québec, l'État de New York, juste au sud de la frontière, décidait d'un moratoire afin d'étudier l'impact environnemental de la fracturation hydraulique.

Pourtant, le gouvernement et les sociétés d'exploration parurent surpris de la réaction non seulement des citoyens, mais aussi des élus locaux qui voyaient débarquer le matériel lourd sur leur territoire sans aucun avertissement. En quelques semaines, soit au milieu de l'été 2010, le sujet dépassa du niveau d'intérêt local à celui d'affaire nationale. Ne sachant que faire, les sociétés d'exploration envoyèrent au front l'ancien PDG d'Hydro-Québec, André Caillé, qui possède de très nombreux intérêts dans l'industrie des hydrocarbures au Québec. La magie, qui avait opéré lors de la célèbre crise du verglas de 1998 alors qu'il faisait le point sur la situation de la crise tous les soirs au réseau français de la télévision de Radio-Canada, ne fonctionna pas cette fois-ci, les interventions de Caillé étant truffées de demi-vérités et d'imprécisions.

Le gouvernement, déjà déstabilisé par une série de scandales et de rumeurs d'affaires de corruption, ne sut faire mieux que de proposer aux citoyens, dans un premier temps, l'information qu'il avait lui-même reçue de la part de l'industrie. Voyant que ça ne suffisait pas, il confia au Bureau d'audiences publiques sur l'environnement (BAPE) le mandat, très étroit, de définir les conditions optimales d'exploitation de ces ressources dans une optique environnementale seulement. Malgré le peu d'informations disponibles sur le sujet, le BAPE doit remettre son rapport au début de 2011, et ne peut proposer, de par son mandat, un moratoire sur l'industrie.

Où s'en va le Québec?

Le Québec souffre-t-il d'immobilisme? Comme les Français qui descendent dans la rue pour défendre leurs acquis, face à des arguments économiques aux fondements douteux qui ne gagnent en crédibilité que par leur répétition en boucle dans les médias, les Québécois sont vite accusés d'immobilisme quand ils s'opposent à des projets mal ficelés, aux odeurs d'improvisation politique et de corruption. Alors que l'industrie des gaz de shale connaît une expansion fulgurante au Texas, en Pennsylvanie, en Colombie-Britannique et dans de nombreux autres États américains, est-il raisonnable pour les Québécois de douter des promesses qu'on leur fait et de s'aligner plutôt sur la ligne dure new-yorkaise, seul État à avoir imposé un moratoire sur cette industrie?

Avant de jeter la pierre, il faut se demander si la comparaison entre ces territoires tient la route. La structure de propriété des droits miniers diffère fondamentalement entre la majorité des pays du globe et les États-Unis.

Dans ce dernier pays, les citoyens qui souffrent des désagréments de l'exploitation sont aussi ceux qui récoltent jusqu'à 30000 $ l'hectare pour le droit d'exploration et qui se verront accorder des redevances pouvant atteindre 20% de la valeur du gaz au puits, durant toute la vie active de celui-ci. De plus, ce pactole est partagé entre tous les propriétaires dont la propriété surplombe les tuyaux horizontaux du fractionnement hydraulique et n'est pas réservé seulement au propriétaire du terrain choisi par la gazière pour installer ses infrastructures. Pas de doute, une telle manne a de quoi augmenter significativement le seuil de tolérance aux risques environnementaux et aux désagréments quotidiens de cette industrie.

LA *LOI SUR LES MINES*

Au Québec, l'exploration et l'exploitation du gaz et du pétrole sont soumises à la *Loi sur les mines* élaborée avant tout pour l'industrie minière traditionnelle[84]. Or, les différences dans la valeur des produits et la nature des investissements et des infrastructures nécessaires à l'exploitation de ces deux types de ressources exigent des lois différentes, qui tardent à être élaborées et adoptées. Déjà, on l'a vu dans ce chapitre, la *Loi des mines* ne permet pas d'assurer une rétribution suffisante pour l'utilisation de biens publics non renouvelables. Ce déséquilibre est encore plus marqué dans le cas de l'industrie pétrolière et gazière, particulièrement en ce qui concerne les gaz de shale. Trois aspects de cette loi sont particulièrement inéquitables dans ce contexte.

1. Premier arrivé, premier servi

Alors que les provinces de l'Ouest du pays contrôlent de près l'ouverture de certaines régions à la prospection et s'assurent de maximiser leurs revenus par des mises aux enchères annoncées de par le monde, le Québec gère ses ressources naturelles de façon passive. Le territoire tout entier est ouvert de manière permanente aux demandeurs de permis qui peuvent acheter, à tout moment, les droits sur les régions qui les intéressent, à un prix fixé d'avance et selon la règle du « premier arrivé, premier servi ». Lorsque plusieurs demandes sont faites, les permis peuvent être attribués par tirage au sort d'où, contrairement à la loterie nationale, l'État sort toujours perdant. Les conséquences de cette politique sont désastreuses : le gouvernement se prive d'une gestion à long terme du développement de son territoire et, dans le cas de ressources recherchées et de grande valeur, d'une compétition saine favorisant une rente optimale pour ces ressources non renouvelables.

2. Les droits souterrains priment sur les droits de surface

La *Loi sur les mines* est très claire à ce sujet et l'article 26 stipule que :

> Nul ne peut interdire ou rendre difficile l'accès d'un terrain contenant des substances minérales qui font partie du domaine de l'État à celui

84. *Loi sur les mines*, L.R.Q. chapitre M-13.1. http://www2.publicationsduquebec.gouv.qc.ca/dynamicSearch/telecharge.php?type=2&file=//M_13_1/M13_1.htm

> qui a le droit de le prospecter ou de le jalonner en vertu de la présente section, si ce dernier s'identifie sur demande et, dans le cas du titulaire de permis, s'il exhibe son permis.

En d'autres mots, puisque tout le sous-sol appartient à l'État, le propriétaire de la surface ne peut en interdire l'accès à une société d'exploration gazière (ou toute autre société détenant un permis d'exploration). Cette règle ne pose pas beaucoup de difficultés dans les régions minières traditionnelles, dont la surface appartient aussi souvent à l'État. Le problème est qu'elle s'applique également dans le cas des shales gazifères, qui se trouvent entre Québec et Montréal, dans une des régions les plus densément peuplées du Canada.

La loi est plus clémente quand il s'agit de l'exploitation des ressources. Dans ce cas, la société d'exploitation a le loisir de s'entendre à l'amiable avec le propriétaire de la surface, à défaut de quoi elle pourra obtenir du ministère le droit d'exproprier (article 235). Comme les infrastructures d'exploration sont, en grande partie, les mêmes que pour l'exploration, dans le cas des gaz de shale, et pour éviter la fronde populaire, les sociétés préfèrent généralement les ententes à l'amiable. Rien, toutefois, ne les oblige à procéder de la sorte.

3. Une responsabilité réduite

Les exigences gouvernementales en matière de responsabilité civile à l'endroit des sociétés minières, pétrolières et gazières sont, pour le moins, négligeables, comme l'a rapporté le journaliste Jean-François Cliche[85]. Alors que BP devrait verser plus de 20 milliards $ en dédommagement, ces sociétés doivent simplement, pour obtenir leur permis, produire «une copie certifiée d'une police d'assurance responsabilité civile au montant de 1 000 000 $ pour tout dommage causé par les opérations de forage ou par l'équipement s'y rattachant[86]». En cas de dommages importants, la société n'aura qu'à disparaître, laissant aux citoyens et aux divers paliers de gouvernement la responsabilité de payer les pots cassés.

La *Loi sur les mines* laisse beaucoup de discrétion au ministère en ce qui concerne la durée des permis et les diverses obligations des sociétés minières, et on aurait pu espérer une intervention plus grande du gouvernement dans le cas des shales gazifères. Ce n'est pas ce qu'on a vu et on attend toujours une révision majeure de la loi, annoncée d'abord pour l'automne 2010 et repoussée, maintenant, à 2011.

85. Jean-François Cliche, «Gaz de schiste: des brèches à colmater dans les lois», *Le Soleil*, 19 septembre 2010, p. 4.
86. *Règlement sur le pétrole, le gaz naturel, la saumure et les réservoirs souterrains*, R.Q. c. M-13.1, r.1.

Ailleurs, que ce soit au Canada ou en Europe, c'est l'État qui récolte l'essentiel de cet argent, s'il a su définir correctement les règles du jeu. Le citoyen malmené doit se contenter, s'il est propriétaire du bout de terre où le puits est installé, d'un accord qui ne compense que pour la location de la surface et les dérangements. Les voisins qui subissent eux aussi les tests sismiques, les forages et le va-et-vient des camions-citernes pendant des jours et qui partagent les risques d'un déversement ou d'une explosion, ne reçoivent aucune compensation.

Dans ce contexte, qui voudrait voir débarquer les foreuses dans son patelin? Seules des régions peu peuplées, comme le nord-est de la Colombie-Britannique, sont prêtes à développer cette ressource sans contestation, dans la continuité du développement minier au Canada, qui se déroule depuis toujours loin des grands centres de population. L'opposition qu'on observe au Québec laisse présager celle qu'on rencontrera en Europe au cours des prochaines années, alors que les gazières n'auront d'autre choix que d'explorer dans les zones déjà peuplées. Seule une politique de redistribution des redevances et des autres recettes fiscales couplée à un transfert partiel des responsabilités aux municipalités permettra de calmer la grogne et d'acquérir le soutien populaire nécessaire pour le développement de cette industrie.

Alors qu'en 2002, le gouvernement de l'époque favorisait une prise de position active de la part des sociétés d'État dans le développement des ressources d'hydrocarbures s'inspirant librement de l'exemple norvégien, le gouvernement actuel a rejeté cette approche sans mettre en place une véritable alternative. Sans structure légale appropriée, ni modèle économique bien défini, l'industrie gazière au Québec doit donc faire face, seule, à la grogne citoyenne. L'industrie réclame un encadrement adéquat afin de lui permettre de se concentrer, non pas sur les relations publiques, où elle n'excelle décidément pas, mais bien sur son activité fondamentale de prospection et d'exploitation. Or, le gouvernement actuel semble paralysé par les critiques qui fusent de tous les côtés, refusant un moratoire qui s'avérerait pourtant salutaire et repoussant d'encore plusieurs mois la refonte de la *Loi sur les mines*.

De tous les modèles présentés ici, celui du Québec doit absolument être évité. Voilà au moins un repoussoir qui pourra servir de contraste aux autres pays qui envisagent de participer à la révolution des gaz de shale.

Conclusion

QUEL AVENIR POUR LE GAZ DE SHALE?

Dans le domaine de l'énergie en général, les prévisions à long terme sont risquées; elles le sont peut-être encore plus dans le domaine du gaz naturel. Quoi qu'il en soit, on peut affirmer sans crainte que les réserves traditionnelles de gaz naturel sur la planète sont plus que suffisantes pour répondre à la demande sans cesse croissante pour ce combustible. Ainsi, BP estime que, au rythme de la consommation actuelle, les réserves traditionnelles en ont encore pour plus de 60 ans[87]. Un rapport récent, beaucoup plus optimiste, conclut même qu'elles pourraient suffire pour encore 150 ans[88]!

Dans ce contexte d'abondance, l'intérêt soudain pour les gaz de shale s'explique, non pas par la crainte d'une pénurie mondiale imminente, mais pour des raisons logistiques et géopolitiques. Le gaz naturel coûte cher à transporter par voie maritime et les réserves traditionnelles sont limitées à quelques régions du globe seulement. Or, contrairement à celles-ci, les shales gazifères sont distribués presque uniformément à travers la planète. Leur exploitation, même à un rythme relativement lent, rééquilibre donc partiellement le rapport de forces entre les pays consommateurs et les rares producteurs de gaz naturel. Ce sera le cas, tout particulièrement, en Europe et en Asie, face à la Russie, au Qatar et à l'Iran.

Pour l'Amérique du Nord et la Chine, il ne s'agit pas tant d'établir un pouvoir de négociation que de favoriser la production locale de gaz, l'alternative étant l'importation massive de gaz naturel liquéfié, dont les coûts de manipulation sont comparables à celui de la matière première. Alors que les Américains comptent sur

87. *BP Statistical Review of World Energy*, 2010.

88. *The Future of Natural Gas, an Interdisciplinary Study*, (rapport intérimaire), MIT, 2010, p. 7.

le gaz naturel pour réduire leur dépendance aux hydrocarbures importés, ils souhaitent être rassurés : cette industrie a connu une série de hauts et de bas depuis 30 ans, ce qui rend les dirigeants nerveux et désireux d'établir un plan à long terme d'exploitation de cette ressource[89]. En 1978, déjà, craignant la fin des réserves de gaz naturel aux États-Unis et dans un contexte de crise du pétrole, le Congrès américain passait une loi interdisant la construction de nouvelles centrales thermiques au gaz naturel. Neuf ans plus tard, en 1987, devant l'abondance confirmée des réserves, la loi fut abolie et 70 % des centrales construites depuis lors fonctionnent au gaz naturel. Vers la fin du XXe siècle, toutefois, les soucis reprennent et on prévoit, à nouveau, atteindre rapidement le pic de production du gaz naturel en Amérique du Nord[90].

Pour contrer cette chute de production qui s'annonce alors même que le gaz naturel gagne en popularité pour des raisons environnementales, on se tourne donc vers l'importation outre-mer, qui exige des infrastructures massives pour le transport sous forme liquéfiée. Devant l'imminence de la crise, la capacité des ports méthaniers d'Amérique du Nord a été multipliée par 10, en moins d'une décennie, pour atteindre près de 650 Mm^3/jour, soit environ le tiers des besoins continentaux. Mais le yoyo se poursuit et, depuis trois ans, avec la mise au point de techniques permettant l'exploitation des gaz de shale, la production nord-américaine est repartie en flèche. Aujourd'hui, on estime que les ressources exploitables des shales gazifères pourraient représenter entre 30 et 60 % du total, traditionnel et non traditionnel, en Amérique du Nord[91] et l'industrie affirme que les ressources locales non traditionnelles seront suffisantes pour combler à la fois la chute rapide de production traditionnelle du côté canadien et l'augmentation de la demande sur le continent.

89. *The Future of Natural Gas, an Interdisciplinary Study, op. cit.*
90. Comme on l'a vu, le pic de production de gaz naturel traditionnel a déjà été atteint au Canada.
91. *L'ABC des gaz de schistes, op. cit.* et *The Future of Natural Gas, an Interdisciplinary Study, op. cit.*

Où en serons-nous dans 10 ans? Il est encore trop tôt pour le dire, car il reste de nombreuses incertitudes quant à la capacité d'extraction du gaz naturel des shales noirs et des roches étanches. Les principales sont les suivantes:

1. **La courbe de production des puits non traditionnels:** La chute rapide de la production après la mise en service implique que l'industrie devra garder un rythme soutenu de forage afin de simplement maintenir le niveau d'extraction. Dans ces circonstances, il est loin d'être certain que le gaz de shale puisse répondre pendant longtemps à une fraction importante de la demande nord-américaine.
2. **L'évolution de la demande de gaz naturel:** La réponse à cette question dépend à la fois du développement de technologies alternatives, du prix des énergies en compétition et de la force du mouvement de lutte contre les changements climatiques.
3. **Les coûts environnementaux de la production de gaz non traditionnels:** On pense d'abord aux risques directs associés à l'exploration et à l'exploitation de cette ressource. On doit aussi tenir compte de l'impact de cette nouvelle ressource dans un contexte de lutte contre les changements climatiques. Si ce gaz naturel remplace le charbon, c'est peut-être positif; s'il draine les investissements qui seraient allés soutenir les énergies renouvelables, alors il s'agit d'un recul. Pour le moment, rien n'est certain.
4. **La concurrence avec d'autres ressources traditionnelles et non traditionnelles de gaz naturel:** Dans le premier cas, l'amélioration des techniques de liquéfaction du méthane pourrait rendre les GNL plus compétitifs. Quant aux autres ressources non traditionnelles, on pense surtout aux hydrates de méthane dont le volume estimé suffirait à lui seul à fournir en énergie la planète entière durant plusieurs décennies.
5. **La capacité ultime d'extraction:** Malgré de premiers estimés plutôt optimistes, on ignore encore l'efficacité réelle d'extraction du gaz par la fracturation hydraulique. Saura-t-on récupérer les

quantités promises ? Cela prendra encore quelques années avant que l'on puisse répondre avec précision à cette question.

Pour le moment, toutefois, l'optimisme qui règne dans l'industrie gazière nord-américaine bouleverse à la fois le marché local et mondial, ce qui pourrait créer un retour de balancier très douloureux pour les investisseurs soutenant le développement des shales gazifères. L'augmentation de la production nord-américaine de gaz, couplée à un affaiblissement de la demande causé par la crise financière, a fait chuter le prix du méthane à un niveau bien inférieur au coût de production du gaz de shale. Malgré des pertes qui s'accumulent, les sociétés d'exploration s'arrachent les permis afin de se positionner favorablement dans l'éventualité d'une prise de contrôle par une grande pétrolière ou afin de continuer à attirer les investisseurs emballés par cette nouvelle source d'hydrocarbures.

L'industrie non traditionnelle se retrouve aujourd'hui dans une situation difficile dont le dénouement, quel qu'il soit, risque d'être inconfortable. Si les prix du gaz se maintiennent autour de 4 $/GJ, les profits ne seront pas au rendez-vous et les investisseurs risquent de retirer leurs billes, acculant des dizaines de petites sociétés gazières à la faillite. Si les prix remontent significativement, le gaz naturel liquéfié redeviendra un concurrent sérieux et fera chuter la demande pour le gaz local. Comme toujours, la seule porte de sortie, dans un tel cas, repose sur les deniers publics. On peut donc s'attendre à ce que des pressions se fassent sur les gouvernements locaux pour des aides directes ou indirectes, en échange d'un maintien des activités de production. Ces pressions seront d'autant plus faciles que les shales gazifères sont distribuées dans plusieurs dizaines de juridictions nord-américaines, ce qui permettra aux sociétés de les placer en compétition directe. Déjà, on peut prévoir que la Pennsylvanie aura de la difficulté à mettre en place son nouveau régime de redevances. De même, le Québec, qui ne s'est pas démarqué jusqu'à présent par sa capacité de générer des revenus significatifs dans ce secteur, risque de se laisser convaincre facilement que le temps des cadeaux n'est pas terminé.

Or, la structure de risques associés à l'exploitation des shales gazifères appelle plutôt à une augmentation des redevances. Pour les gisements traditionnels, on maîtrise bien les techniques d'exploitation, et les principaux risques financiers sont liés au défi que représente la découverte de nouveaux gisements : il faut parfois forer de nombreux puits avant d'en trouver un qui produira en quantité suffisante. Dans les cas des shales gazifères, chaque puits est un bon puits ; une fois établies les caractéristiques géologiques des couches de roche-mère, les risques de l'exploration sont minimes. Le défi, pour le moment, est donc limité au choix de la technique optimale pour assurer une exploitation rentable de la ressource. Cette différence fondamentale devra, à moyen terme, changer la donne dans les relations entre l'industrie et les investisseurs, ainsi qu'avec les gouvernements et les citoyens.

Au-delà de ces discussions à courte vue, et quel que soit l'avenir des gaz de shale au cours des dix prochaines années, la technologie ne disparaîtra pas. Le principal impact de celle-ci est de rendre accessible à la prospection et à l'exploitation de nombreuses structures géologiques étanches où sont piégées d'immenses réserves de gaz et d'autres hydrocarbures. C'est donc la fracturation hydraulique, bien plus que l'industrie des gaz de shale, qu'il faut signaler comme étant révolutionnaire. En effet, c'est cette technologie développée en bonne partie au Texas par des entêtés, qui rend possible d'exploiter ces ressources de manière rentable et compétitive. Cette petite révolution énergétique se manifeste, certes, en Amérique du Nord, mais aussi à travers le monde. Alors que les réserves exploitables de gaz naturel de façon traditionnelle sont concentrées dans une poignée de pays à travers la planète, on pourrait assister sous peu à une véritable démocratisation de cette richesse qui forcera immanquablement les producteurs de gaz traditionnel à revoir leur attitude vis-à-vis des pays consommateurs.

La révolution des gaz de shale est donc une bonne nouvelle pour un monde toujours en quête de nouvelles ressources énergétiques. Pour l'écosphère, toutefois, cette révolution signifie avant tout une augmentation de la production d'hydrocarbures et, en parallèle, une chute des prix des combustibles fossiles. Cela retarde d'autant plus le passage vers les énergies vertes, comme on le constate très manifestement en Amérique du Nord: le coût relatif des projets d'électricité verte en l'Ontario, par exemple, fait grincer des dents des citoyens déjà affaiblis par la crise financière et la mise en place d'une nouvelle taxe sur la valeur ajoutée. De même, au Québec, il sera impossible pour le géant national Hydro-Québec d'exporter son hydroélectricité au prix des nouvelles centrales en construction sur la Côte-Nord. Seule note positive: la différence importante de prix entre le gaz naturel et le pétrole qu'on observe aux États-Unis, important importateur d'or noir, pourrait pousser ce pays à favoriser les voitures roulant au gaz naturel ou à l'électricité produite par des centrales thermiques alimentées par ce même combustible. Cela diminuerait globalement, à kilométrage fixe, les émissions de gaz à effet de serre attribuables au transport.

Pour une juridiction comme le Québec qui, ces dernières années, se positionnait pour devenir un chef de file en matière de production d'énergie propre, l'arrivée de la fracturation hydraulique, qui ouvre la porte à l'extraction massive de gaz sur son territoire, force un examen de conscience collectif. Déjà, les objectifs de réduction des gaz à effet de serre de 20% d'ici à 2020 apparaissaient difficiles à réaliser. Qu'en sera-t-il avec cette nouvelle industrie? Le Québec pourra-t-il devenir l'État vert dont plusieurs rêvent?

Trois avenues s'offrent à lui. Tout d'abord, il peut décider qu'il ne veut pas de cette ressource, préférant soutenir en exclusivité les filières d'énergie renouvelable, ce qui veut dire se priver, au moins pour le moment, de revenus possiblement importants (si la ressource est gérée correctement) et laisser aux générations à venir le soin d'exploiter ou non ces gaz.

Ensuite, le Québec peut aussi opter pour la conversion de son économie au gaz naturel. Les prix actuels sont nettement en dessous des coûts associés à la production d'énergie éolienne et à la construction des nouveaux barrages, par exemple. Il pourrait donc être rentable de favoriser l'utilisation du gaz naturel au détriment du pétrole, par exemple, et même de l'hydroélectricité.

Enfin, le Québec peut choisir, comme la Norvège, de miser avant tout sur l'exportation de cette ressource, en continuant, à l'interne, de soutenir les énergies propres. Puisque la demande existe et que la concurrence est en place, on peut avancer que la production de gaz québécois n'aura pas d'impact sur les prix de cette commodité au niveau nord-américain; le Québec ne ferait que remplacer un autre fournisseur et n'augmenterait donc pas les émissions de gaz à effet de serre à l'échelle continentale et mondiale.

Il est possible de faire encore mieux, toutefois. Pour cela, le Québec doit repenser l'ensemble de sa filière énergétique et développer un réel plan d'affaires[92] qui engloberait toutes les avenues possibles afin d'optimiser à la fois les revenus de ses ressources énergétiques et la réduction des gaz à effet de serre pour la planète. S'il est tentant, comme plusieurs le font présentement, de découper la question énergétique sur une base de moyens de production, on ne doit pas oublier que la plupart des sources d'énergie sont interchangeables. Ainsi, pour la plupart des usages énergétiques, le gaz naturel peut être remplacé par le vent ou l'eau et vice-versa. Plutôt que de refuser l'exploitation du gaz naturel ou de l'exporter en se donnant bonne conscience, le Québec doit profiter de ses richesses énergétiques pour assumer ses responsabilités face à l'ensemble de la planète et à ses citoyens.

Il faut donc refaire, aujourd'hui, l'exercice de la Norvège, et décider du modèle économique et du niveau de risque que la collectivité est prête à assumer pour le développement de ses ressources. Le Québec doit aller au-delà du simple calcul économique et porter le débat à un niveau supérieur qui tienne compte non seulement de l'ensemble des retombées à l'interne, mais également pour le reste du monde.

Qu'on apprécie ou non cette révolution, le génie est sorti de la bouteille et l'exploitation des gaz de shale n'est qu'une première étape dans l'ouverture d'immenses ressources non traditionnelles qu'on croyait encore récemment inaccessibles. Il reste, pour les

92. Je reprends à mon compte cette expression et ce concept proposés par Jean-Marc Carpentier.

gouvernements et les citoyens, non seulement à déterminer le rythme d'exploitation et les conditions qui l'encadreront, mais plus encore, dans un contexte de réchauffement climatique, à définir comment ces ressources s'intégreront dans les efforts pour diminuer la production de gaz à effet de serre. Le Québec a encore une chance de montrer l'exemple. Voilà un défi qui vaut la peine d'être relevé.

MARQUIS
Marquis imprimeur inc.
Québec, Canada
2010